杨锦慧 著

张爱玲传

因为懂得，所以慈悲

民主与建设出版社
·北京·

© 民主与建设出版社，2019

图书在版编目（CIP）数据

张爱玲传：因为懂得，所以慈悲 / 杨锦慧著. -- 北京：民主与建设出版社，2019.6（2023.8重印）
 ISBN 978-7-5139-2520-4

Ⅰ.①张… Ⅱ.①杨… Ⅲ.①张爱玲（1920-1995）-传记 Ⅳ.①K825.6

中国版本图书馆CIP数据核字（2019）第117121号

张爱玲传：因为懂得，所以慈悲
ZHANG AILING ZHUAN YINWEI DONGDE SUOYI CIBEI

出 版 人	李声笑
著　　者	杨锦慧
责任编辑	吴优优
装帧设计	嫁衣工舍
出版发行	民主与建设出版社有限责任公司
电　　话	（010）59417747　59419778
社　　址	北京市海淀区西三环中路10号望海楼E座7层
邮　　编	100142
印　　刷	大厂回族自治县德诚印务有限公司
版　　次	2019年9月第1版
印　　次	2023年8月第3次印刷
开　　本	880毫米×1230毫米　1/32
印　　张	6
字　　数	105千字
书　　号	ISBN 978-7-5139-2520-4
定　　价	49.80元

注：如有印、装质量问题，请与出版社联系。

序言

序言

原本,她的身体里流淌着贵族的血液,她应该像牡丹花一样雍容华贵;

可惜,造化弄人,家庭的风雨让她生出了防御的刺,她像玫瑰花一般,摆着娇艳的姿态,人们却只能远观;

而后,生活的磨砺把她几近摧残,她却带着雏菊似的坚强,在大上海的血雨腥风里顽强地活出了自我的状态;

好在,她借助手中的笔,展露出沉默裹挟下的才情,夹带着一颗对生活挚爱的心,在跌宕的世间一路行走一路耕耘,散发出空谷幽兰的气息;

最终,爱情拖着她在甜蜜浪漫和痛彻心扉间辗转,即使这样,她依然愿意为爱义无反顾和赴汤蹈火,看似多情的人,一步步把她碾压成荒野里巨石下的小草,她不得不像疾风中的劲草般远游,为自己的感情寻找新的出路!

就这样,张爱玲带着满腔的爱,满身的伤,远走异国他乡,开始了她的新生活。

不解的人说,张爱玲一世孤傲,不近人情,说话刻薄,薄情寡义;了解的人说,张爱玲一颗真心,勘破世情,聊煮文字,最是长情。

目录

第一章 生如牡丹傲群花

002 / 生命之源贵如许

008 / 精致庄园梦中留

017 / 一女一儿一生愿

022 / 中西思想难合璧

第二章 带刺玫瑰始绽放

030 / 人去楼闹空余恨

039 / 山穷水尽再靠妻
049 / 禀性难移终决裂
058 / 夹缝求生初涉世

第三章　清纯雏菊迎风霜

070 / 结草衔环难报恩
079 / 潇潇寡然父与女
088 / 浊世涤荡母女情
099 / 高山流水钟伯心

第四章　幽兰出世放异彩

116 / 古灵少女才思敏

122 / 金钗之年名气传

130 / 桃李年华书传奇

140 / 及至天命笔不休

第五章　疾风劲草终归真

146 / 惺惺相惜恨见晚

155 / 沧海桑田何曾圆

166 / 慈悲放手得真爱

174 / 相知相守苦亦甜

第一章　生如牡丹傲群花

每个人的出生,其实并没有带着任何痕迹,最初,我们都只是一个柔软的婴儿,分不出彼此。但是,血液里的一脉相承却不同,有些人天生就高贵,就如同牡丹花可以争艳群芳一般!

生命之源贵如许

"哇……哇……哇……"清亮的哭声回荡在张公馆内——一座坐落于苏州河畔的西式小楼,这一声啼哭,让公馆内每个繁忙的人脸上都漾出了喜悦的笑容。

这是1920年9月30日的上海,湿热中带着一丝秋意,寒蝉似有若无地鸣叫一两声。夏天已到尽头,秋天肆无忌惮地入侵,混战的枪声偶有起伏,张公馆内却一片欢腾,一名女婴顺利诞生了,父母为她取名"张煐",后改名为"张爱玲"。

在军阀混战时期的大上海,能够拥有自己的公馆,这绝非一般人家能够做到。藉着张煐的出生,我们一层层地扒开了她的身世,才发现她的血液里流淌着一脉相承的高贵。

张公馆,原本不姓张,它是张家媳妇李菊耦带过来的嫁妆。能送得起这么一座在当时看来可以称为"豪宅"的人,身份一定非比寻常,确实,送这座宅子的人是晚清时期名动

第一章 生如牡丹傲群花

朝野的重臣李鸿章。李鸿章,在晚清历史上留下了浓墨重彩的一笔,从文到武、从洋务运动到外交斡旋,他都是很有影响力的一个人。而李菊耦,又名李经璹,是李鸿章的掌上明珠,李鸿章有多个孩子,却对这个女儿格外的爱护。他甚至把爱女带在身边,精心指点她的诗词文章和待人处事。李菊耦自幼跟随在父亲身边,自然耳濡目染读懂了人情世故。她能够从生活的点点滴滴中感受到父亲对她无微不至的关怀。

李菊耦,其实就是张煐的祖母,那么李鸿章自然就是张煐的外曾祖父。虽然,在时间的长河里,张煐和李鸿章没有任何交集,但是,张煐的血液里却传承了李鸿章家族的书香气和贵气。

除了嫁妆,就连女婿都是李鸿章钦点的人选。有幸成为李家女婿的是张佩纶,同治十年考中进士,他也是晚清著名的大臣之一,才情俱佳,曾被袁世凯大加赞赏。他一度在李鸿章府中做幕僚,后经举荐与李鸿章同朝为官。但他为人过于耿直,不管世情变化,只为自己清誉而听不进别人的劝谏,甚至不惜自诩自己为"清流",而去与他认为的朝廷"浊流"对抗。他因此被许多人看不惯,甚至被人弹劾,以致受到朝廷的驱逐。

恰恰就是这样的一个人,被李鸿章相中了。更为世人诟病的是,张佩纶当时仕途落魄,且已年过四十,虽然他的前两任夫人都已过世，但毕竟结过两次婚，对于年方二十出头、待字闺中的李菊耦来说，确实有点不般配。首先站出来反对此事的人，自然是李菊耦的母亲，可是她说话没有分量，仅仅只是表达一下自己的不满而已，并不能改变什么。反倒是李菊耦自己对父亲为她选的这个夫婿没有什么异议，在她看来，父亲办事向来稳妥，又从小深爱自己，他看中的人选一定不会有错。于是，四十多岁的张佩纶娶了二十多岁的李菊耦。

"凡事牵涉到快乐的授受上，就犯不着斤斤计较了。较量些什么呢？——长的是磨难，短的是人生。"这句话本来是张爱玲在《公寓生活记趣》里触景生情的感慨，谁曾想却精确地概括了李菊耦的一生。张佩纶原本在仕途上发展不是很顺心，与李菊耦结婚后，便干脆隐退政坛，辞官不做，携夫人自天津到金陵，并送了一座"鸥园"给爱妻。我们虽不知张佩纶缘何把新买的宅子称作"鸥园"，但"鸥"与"耦"音似，似乎也藏着张佩纶一番爱妻的苦心吧。

张李二人的生活着实让人称羡，在自家的花园中，张佩纶对月饮酒作诗，李菊耦倚花小酌作陪，享受着世外桃源般的神仙眷侣生活。很快，他们有了爱情的结晶，先是儿子出生了，取名为张志沂，又名张廷重。隔了几年女儿也出生了，取名为张茂渊。然而，这种夫妻之情估计是连老天都嫉

第一章 生如牡丹傲群花

妒了吧,短短十余年,张佩纶就留下李菊耦和一双尚且年幼的儿女撒手人寰,当时儿子刚满七岁,女儿刚满两岁。人生最难过的,莫过于习惯了的生活突然被打破,相爱的人突然阴阳两隔,永远没有机会再见面。

年方三十出头的女子,习惯了丈夫的宠溺,现在却不得不孤独地生活下去。面对突然的变故,李菊耦不得不选择坚强,也只能选择坚强。她依靠着丰厚的嫁妆开始了抚养一双儿女的艰辛历程。她把对丈夫的爱全部寄托在儿子身上,那种想保儿子终身周全的强烈愿望和担心自己无能为力的深度焦虑纠缠在一起,导致她做出一些怪异的决定:一方面,她既在学习和品格上严格要求张廷重,让他务必通晓古今,知天文地理,懂文韬武略,期望他能够像父亲一样有所作为;另一方面她又事事挡在张廷重的前面,剥夺他经历风雨的机会,限制他的自由,甚至连穿什么衣服,交什么朋友都要一一过问。相反,李菊耦对女儿张茂渊却干脆放手,让她像个男孩子一样进进出出,大大咧咧地生活。许是她自己的遭遇,让她感觉到女孩子要自强一点才能保护自己吧。诚如天下所有的母亲一般,李菊耦对自己的孩子充满关爱,她很清楚对于儿女,她不可能与他们相守一生,只能用她觉得有用的方式去保护他们。

张茂渊,也就是张煐的姑姑,这个被母亲宠溺着长大的女孩,像长了翅膀的小鸟一样,在她有生之年跨越千山万水,几度漂洋过海,学习国外的新思想,这种胆魄和见识,反而比哥哥张廷重更加出彩,她也间接地影响着张煐。

张廷重,也就是张煐的父亲,转眼就到了婚娶的年龄。饱读诗书的张廷重,自然知道仁孝礼仪,他表面上并不反抗,对母亲事事依从,但在内心里,却因为母亲的过于强势,而倍感自卑和犹疑,所以在很多事情上他干脆什么都不管,由着母亲做主。在婚姻大事上,他自然也听从母亲的安排,接受了这门据说很小就定好的娃娃亲,接受了那个名叫黄素琼的女人。

黄素琼,后改名黄逸梵,也就是张煐的母亲。她也有着显赫的家世,祖父是南京水师提督黄翼升,曾与李鸿章共事。官宦世家的子女,眼界和格局总是不同于普通人,黄素琼虽然也缠着小脚,但她自幼接触的人和事,以及接受的新潮教育,早已跃居封建思想之上,她所幻想的如意郎君,是能够与她一道冲破封建思想,走在新派思想的康庄大道上的,夫妻之间不再是男尊女卑,而是男女平等。在晨光的照耀下,他们坐在西式建筑的楼房里,品着咖啡,读着报纸,谈论着艺术,无论是钢琴还是话剧,反正是艺术就好,呼吸着自由的空气。裹脚布仿佛旧思想一般束缚着她的双脚,却缠不住她对自由的向往,也拉不住她追求新思想的脚步!

第一章 生如牡丹傲群花

这样两个性格不同的男女,就因着小时候父母的一个约定,于1915年在上海完婚,那时李菊耦已经去世,终究是没能看到儿子成家。黄素琼被迎娶到张家苏州河畔的老宅子里,那座李鸿章给爱女的陪嫁宅子,在这里,她把张煐和张子静两个孩子带到了人间。

精致庄园梦中留

张佩纶去世后,李菊耦一个人独自抚养着张廷重和张茂渊兄妹俩。不论如何,张家也算是官宦人家,吃穿用度样样都不能太差,虽然家中的男主人走了,余下的日子还是得过得有模有样。

李菊耦一开始是靠着父亲给的嫁妆和张佩纶留给她的财产算计着度日的,但她渐渐发现,在男尊女卑的时代,夫丧从子,张佩纶前妻的儿子有意无意地总在干涉他们一家的生活。孤儿寡母也着实没有力量与人家对抗,好在这个儿子看在已逝父亲的面子上,对继母还算客气。李菊耦为了一双儿女忍气吞声,像老牛一般深情地护着小牛犊。

然而每到夜黑月明时,李菊耦看着眼前的儿女,就会不由自主地想起逝去的丈夫,心中不免悲伤难过。有时候她会抚着张廷重的小脸庞,担忧着他今后的生活,他还那么小,上面还有同父异母的哥哥,即使是她带来的陪嫁宅子,现在

第一章 生如牡丹傲群花

都由不得她做主,所有姓张的人都可以同住!她不知道,该怎么去为这个幼小的孩子打算将来,唯一能做的,就是保护他生命的安全和品性的端正。

私塾先生被请进了张家大宅,专门负责教张廷重和张茂渊,从诗词歌赋到经教礼仪,处处都要显示出贵族的气质与风韵。随着洋务运动的开展,英文老师也被请进张家,为两个尚且年幼的孩子打开了一扇认识新世界的窗口,同时也拓宽了他们的眼界,拓展了他们的思维。

在这一点上,不得不说李菊耦是一个有远见、有胸怀、有格局的女人,她没有因为自己是一个寡妇,就悲悲戚戚地耽误儿女的前程,而是极力为子女提供学习的机会,并且严格督促。但在另一方面,她又确实担忧过度,限制了儿女的发展。

李菊耦在孩子的养育方面,表现出一些让人费解的举动。她会尽量让张廷重待在自己身边,每每外出,总会详细询问他要去哪里,去做什么,和哪些人交往。这个习惯,从张佩纶去世后就开始了,张廷重似乎也习惯了母亲的这种关怀,每次母亲询问,他都会如实禀报。有时母亲会以那些人不是什么正经人为理由,拒绝他出去与朋友聚会。她还会要求张廷重穿一些色泽艳丽的服装,我们不知道年幼的张廷重是否因此与母亲抗争过,但这实实在在影响了他的性格。对于这些衣服，他没办法拒绝，可是穿在身上又确实感到耻辱，以至于他每次出门，都是低头靠墙，畏畏缩缩地从墙角走过，生怕别人注意到他，引来嘲笑。

这些经历，都深深地烙印在张廷重幼小的心灵上，他既懂事，不想惹母亲生气；又很无奈，难以拒绝加诸他身上的这一切，久而久之，他索性把自己的命运交在母亲手里，由着母亲为自己规划。母亲的强势，倒逼着他养成了不温不火、优柔寡断的性格。

而对于张茂渊，母亲则采取了非常开放的管理方法。她尽可能地让张茂渊自由发展，并且像个男孩子一样骄纵她。或许在李菊耦的心中，她在张家的处境让她感受到做女人的艰难，也许只有这样才可以让女儿保护自己。

人生，在很多时候我们以为可以掌控全局，可结局往往出人意料。李菊耦那么用心地为儿女筹谋，却不曾想自己心力交瘁，加上她对丈夫的思念，不满五十岁就与世长辞。当时，张廷重刚刚十六岁，张茂渊也不过十一岁。一个未成年的孩子，又在母亲的严厉掌控下多年，张廷重难以担当起操持张家的重任，再加上"父死从兄，长兄为父"的封建伦理，自然，同父异母的兄嫂承担起家长的角色。张廷重乐得清闲，张茂渊虽是女儿身，却是男子的性格，她对这样受人掣肘的生活十分不满，除了明确地抗争，也从思想里早早地萌生了出国留学的念头。

张廷重七岁时父亲离世，十六岁时母亲离世，在孤儿寡母相依为命的九年间，他的性格已经基本养成，成为一个不折不扣的衣来伸手、饭来张口的少爷，除了精通文墨外，人情世故几乎一概不通，还沾染了一身的纨绔习气。

张家的宅子倒是仍旧安稳地矗立着，只不过越发地陈旧和古老，昔日阳光一照便熠熠生辉的窗子，如今也有了斑驳的痕迹。不过人事的更迭永不停息，这座宅子不久迎来了新的女主人——黄素琼，带来了一股不一样的气息。

19岁[1]，如花的年龄，黄素琼嫁给了与她同岁的张廷重。据母亲说，黄家与张家世代交好，因他们同年出生，所以自小就定好了娃娃亲。两个生活在不同家庭背景下的青年，彼此之间也没有多少了解，就为了遵守父母当年的约定，毅然把自己一生的幸福托付在陌生的另一半身上，幸还是不幸，就只能看天意了。

黄素琼是个爱做梦、特立独行，又端庄雅静的女人，长

---

[1] 网上也有说是她是22岁结婚的，但是根据查找的资料，她结婚后5年多才生育第一个孩子，28岁出国，如果22岁结婚，27岁生育第一个孩子，28岁才生第二个孩子，与其他资料说的她出国时张煐已经三四岁不符，且很多资料显示他们是1915年结婚的，黄是1896年出生，1915年刚好19岁。

得端正秀美，鼻梁高高的，眼眸深邃，走起路来轻盈如风，踮着小脚却向往着周游世界。她喜欢西方那种渗透而来的自由思想，总希望有机会能够身临其境，亲自感受一下令人听着就心潮澎湃的自由之风。

初到张家，黄素琼打量着这座仿西式的古老的宅子，远远看去，这是一座带着浓郁西洋气味的建筑，近旁是潺潺流水的苏州河，墙上爬着苍劲的藤萝。走进了看，墙体上却有斑驳的痕迹，昭示着它在风雨飘摇中矗立已久，留下了岁月的痕迹。不得不说，黄素琼刚到张家时是有一点点兴奋的，单看这座宅子，它的主人一定也不是一个陈腐守旧的人。

在她的思想里，就想拥有这么一位与她一样有着新潮思想的伴侣，以便在婚后漫长的岁月里，他们可以并肩携手，畅谈未来！

黄素琼同时也渴望着能组建一个圆满的家庭，享受家人之间的温馨相处。因为她出生在一个不完整的家庭里，在她出生前，父亲就已经离世，母亲又不是正室，这样的家庭状况或多或少增加了她童年生活的苦楚。她是多么渴望能有这样一个男人，既能像父亲一样照顾她，又能像伴侣一般呵护她。

新婚的头几年，张廷重确实曾用心去疼爱这位刚娶进门的太太，他和黄素琼过着卿卿我我的二人世界，这种情形维持了五年之久。黄素琼也曾把张廷重当作自己可以依靠的亲人，希望他可以带着自己看世界。

然而，"生命是一袭华美的袍，爬满了蚤子"，张煐在《天才梦》中淡然地写道。这却也颇像黄素琼的婚姻，举行了一场浩大的婚礼，赢取了无数人的惊羡和赞叹，关起门来褪去华服，日子却过成了另外的样子。

黄素琼来时，张廷重兄妹俩和同父异母的哥哥都住在其母留下的老宅子里，兄嫂当家，照顾张廷重兄妹。兄嫂是旧思想下走过来的人，他们延续着"长兄为父、男尊女卑"的思想。他们为这个宅子的每个人都定了规矩，且必须遵守，这些规矩包括生活的方方面面，从吃穿用度的日常开销到探亲礼仪等等小事，这让黄素琼感到自己像被关在笼中的小鸟般失去了自由。

黄素琼初为人妻，浑身散发着青春的气味。她喜欢把自己打扮得漂漂亮亮，喜欢穿着时尚的旗袍，带着名贵的首饰。其实她并不缺钱，她是带着殷实的嫁妆过门的。但是兄嫂却总在有意无意间对她的饮食习惯和穿衣习惯指指点点，让她倍感不舒服。

忍无可忍之余，黄素琼破天荒地和兄嫂发生了争吵，夹在中间的张廷重，当然也想息事宁人。

这么多年的生活，兄嫂习惯了张廷重的逆来顺受，张廷重也早已习惯了别人说什么就做什么，在他的心底里，除了遵从，没有任何反抗的意愿。黄素琼这么一闹，兄嫂首先不悦。张廷重也没想到，黄素琼会这么激烈地与兄嫂争吵。他站出来劝说着黄素琼，希望她也可以融入张家的规矩，不要再挣扎吵闹。

劝说是徒劳的，矛盾一日日升级。黄素琼多么希望张廷重能够与她站在一起，共同争取他们在张家的权利和地位，可是，除了劝阻她，张廷重没有任何维护她的意思，反而在她需要的时候，他会夺门而出，躲出去以求清净。

黄素琼的心一点点凉了下来，这个她打算依靠终生的男人，就这样在她心上浇着凉水。

她无奈地一次又一次跑回娘家，可这终究不是解决问题的办法。

其实张廷重又何尝不想自立门户呢？只不过是他的性格使然，让他习惯了目前的生活，如果有机会，他会比黄素琼更喜欢无拘无束的生活。

一个人的抗争总是孤独的，然而，黄素琼深受五四思想的感染，她追求新生活的决心让她表现得格外坚强和勇敢。即使只有一个人，她也要在张家争夺一席之地。

可惜的是，愿望总是美好的，现实却总是不能尽如人意。两个人不免为此而争吵，争吵的次数多了，感情也受到

第一章 生如牡丹傲群花

了伤害。

张廷重毕竟是旧制度、旧思想下走出来的男人,他就如同这座老宅子一样,虽然外表仿照着西洋风格建造,但里面却一脉相承着封建礼仪的思想。他也受到社会新思潮的影响,对新思想有所关注,但是又舍不得放下旧思想中对男人的那种推崇。

在张廷重的骨子里,仍然保留着根深蒂固的男尊女卑的思想。在他看来,女人或许只是传宗接代的工具,是他生活的一部分,但绝不是全部。

张廷重的这种观念,与黄素琼内心深处渴望男女平等的思想,有着严重分歧。他和黄素琼显然在两条不同的道路上,渐行渐远。

这对于黄素琼来说,是非常压抑的。

抱着同样的守旧思想的丈夫、兄嫂,甚至所有的人,没有一刻不在暗示黄素琼,她是别人的妻子,她应该遵守三从四德,守好本分。整座宅子都散发出陈腐的气息,黄素琼渐渐萌发了离开的念头,只不过这念头还仅仅是个朦胧的想法,没有形成清晰的思路。

就在这时,黄素琼怀孕了,这为他们之间压抑的生活增添了一点温馨之气,不管她对丈夫有多少不满,但对于腹中的孩子,她还是充满了期待。

十月怀胎之后,黄素琼顺利诞下了一名女婴。

就在这座老宅子里,在张廷重出生的地方,张煐出生了。后来,母亲为她改名为张爱玲。

第一章　生如牡丹傲群花

一女一儿一生愿

　　张煐出生的那天，虽已入秋多时却是暑气未退，湿热中带着一丝丝的凉意，三两只寒蝉在窗外低鸣。她乌黑的小眼珠滴溜溜地望着围在身边的人，突然哇哇大哭起来。围着的人们反倒笑了，都说这女娃身体健康，精力充沛，连带着哭声都比别的孩子响亮。可是他们哪里知道，或许张煐的哭声里，含着对自己一生的慨叹！

　　黄素琼自然也是高兴的，她扎着头巾松软地躺在床上，家中的老用人何干——张煐记忆中的称呼——把同样松松软软的婴儿用小棉被包裹后放在了黄素琼的身边。黄素琼温柔地打量着眼前渺小的生命，那一刻，她的心里充满了母爱和仁慈。张煐乌黑的小眼珠里不知道有没有印下母亲温情的眼光呢？这种温情会不会深藏在她的内心深处，陪伴她一生呢？

　　很快，张煐满周岁了。按照当地的习俗，周岁那天，家人们要为孩子举行"抓周"仪式,据说通过孩子抓到手里的东西,就能够推断他未来的人生。没有人详细记录摆在张煐面前的东西都有些什么,但姑姑张茂渊说她先抓住了金算盘,也有用人说她先抓住的是一支笔。张煐自己在散文《童言无忌》里说,自己同时抓到了小金镑和笔这两样东西。小金镑代表着财富,笔代表着知识,家人们围在一处高兴地送上各自的祝福,仿佛这一刻就能定了她的终生一般。

为人父母的张廷重和黄素琼自然也很高兴,其实不论张煐抓到什么,都不会影响他们为人父母的喜悦。

很多习俗不过是因为千百年的流传,大家都认可而已,并没有什么科学的依据,可是冥冥之中似乎真的有一种神奇的力量。抓在张煐手中的那支笔,是否真的预见到她今后要轰动中国文坛?但张煐是实实在在通过手中的笔,写下了震撼无数人的文字,成为中国文学史上一颗璀璨的明星!

就在张煐出生的第二年,她的弟弟也出生了,由张家的用人张干来带。大家自然又是一番欢喜,父母亲为弟弟取名为张子静,刚满一岁的张煐,看着那个比自己还小的皱皱巴巴的小婴孩,忍不住伸出小手摸一摸他,看着他黑亮的大眼睛,多多少少有点好奇。

之后的日子里,张煐慢慢体会到弟弟的到来,的的确确分走了父母亲的一部分爱。就连用人们都表现出明显的偏颇，好像男孩子真的比女孩子珍贵一样。她甚至发现，带她的何干在带弟弟的张干面前，畏畏缩缩，委曲求全，不敢站直了腰身说话。谁说女人不如男人？张煐才不理会这些，越是这样，她越要据理力争属于自己的东西，但凡是她想要的，总会想办法抢在手里。

但这并不影响张煐对弟弟的爱。小小年纪，张煐就显出一种泼辣的性格，她自创出很多游戏，像女将军一样指挥着弟弟做这个干那个，在老宅子里尽情地玩耍，弟弟仿佛是个小跟屁虫，乖乖地听着姐姐的调遣。墙上的挂钟尽职尽责地滴答前行，如果时间可以凝驻，停在此刻该是一幅多么惬意的岁月静好图啊：父母依偎在旁，微笑地看着宅院里跑来跑去的姐弟俩。换作一般人家或许可以享受这种天伦之乐，但在新旧思想交替的年代，在这种中西合璧的大宅子中，这似乎成了一种奢望。

张煐渐渐长大，她既嫉妒人们对弟弟的偏爱，又很喜欢这个小她一岁的男孩。和他在一起，让她有一种满足的成就感，因为他总是乖乖地听她指挥。她也敏感地察觉到大人们的世界真的非常复杂，在这座宅子里，母亲和父亲有时候会争吵，但她不明白为了什么。母亲有时也会对着她哭诉，宣扬着"男女平等"，描述着女人该争取的权利。母亲最痛恨男尊女卑，对于那双旧制度下牺牲的小脚，她总是尽可能地奔走，似乎只有这样才能证明她是新时代的女性。

黄素琼对男女平等的追求，体现在生活的点点滴滴里。她向整座宅子的人宣扬，看到用人就和用人说，看到兄嫂就和兄嫂说。可惜这些人都把她看成不合时宜的人，用人们敷衍着，从鼻子里哼出不屑的语气；兄嫂则直白地反对她，他们希望黄素琼能像所有小脚女人一样，相夫教子，对丈夫和兄长低眉顺眼，听任他们的摆布。黄素琼当然会据理力争，她不会任由别人肆意摆布自己的命运！张煐耳濡目染，把这一切都看在眼里，记在心上，母亲的思想对她的性格有着深远的影响。

黄素琼有了一双儿女后，更加向往自由独立的思想了。她不愿意孩子受困于张家的旧规矩，接受不合理的束缚和管辖，想离开宅子的心情更加迫切。于是，她处处留心机会，同时也托别人帮忙留意。

许是黄素琼到别处另过的想法太过强烈，很快她就等到了一个合适的机会。在天津当交通部长的堂兄张志潭给张廷重带来一个好消息，铁路局有个英文秘书的职位，他把张廷重推荐了过去。这个职位倒是很适合张廷重，他既懂英文，又会使用英文打字机。况且天津也是黄素琼的娘家所在地，他们全家自然欢天喜地，很快就带着两岁的张煐和一岁的张子静从上海迁到了天津。

第一章 生如牡丹傲群花

到达天津以后的生活是自由的，却并不平静。张廷重与同父异母的哥哥终于名正言顺地分了家，他分得了多处地产和房屋，手中一下阔绰起来，再不用像从前一样领着钱过日子。他也终于从多年的约束中解脱出来，就像被压抑久了的情绪需要释放一样，他把自己内心里想做而不敢做的事统统都做了一遍，抽大烟、赌博、出入烟花柳巷、结交酒肉朋友。从那些烟雾缭绕的场景、涂脂抹粉的妓女、砰砰作响的麻将声中，还有那些恶习满身却对他恭维不已的狐朋狗友身上，张廷重似乎找回自己做男人的尊严，他深陷其中，不可自拔。

是的，这才是一个清末民初贵族男子应该过的生活，花天酒地，上烟铺逛柳巷，张廷重这么思虑着，忘记了自己是两个孩子的父亲，忘记了时代已经向前发展，洋务运动已经载着西方新思想走进了中国，五四运动更是惊醒了许多沉睡的爱国青年。

中西思想难合璧

对于张廷重的所作所为，黄素琼先是包容，找他谈话，给他提要求。可是，自小被母亲约束、母亲去世后又被兄长约束的张廷重，突然获得了自己做主的机会，他怎么肯轻易地向妻子屈服？更何况，在他的思想里，他认为女人就应该对男人言听计从，男人也应该有三妻四妾。他对黄素琼的吵闹无动于衷，依然我行我素。黄素琼对丈夫的失望像河中的涟漪，一点点扩散开来。其实，除了失望，她对丈夫还有一丝温情，他们曾经度过那么多美好的时光。张廷重也曾翻阅着英文报纸杂志，为她讲述国外的趣闻，也曾煮着咖啡陪她一起谈论新文艺，也曾牵着她的手在苏州河畔的老宅子里漫步，也曾在张煐刚出生时围在床边守护过她。在一起共度了这么多年的时光，夫妻朝夕相伴，现在又儿女绕膝，黄素琼多么希望能与张廷重一直这么走下去，共同经营幸福美满的家，给孩子们一份完整的爱啊！

第一章　生如牡丹傲群花

无数个不眠的夜晚，黄素琼看着熟睡的张煐和张子静，想象着他们失去母亲的悲哀，她的内心矛盾而痛苦；无数个不眠的夜晚，黄素琼环视着这座圈定她婚姻的宅子，翠绿的藤蔓年复一年的生长，她的人生却一点点暗淡；无数个不眠的夜晚，黄素琼回望着枕边这个曾经风度翩翩的貌美男子，回想着他们夫妻恩爱的残缺片段。她真的有过犹疑，是牺牲自己的理想浑浑噩噩、任命地过日子？还是成全自己的理想，冲破牢笼、走向新天地？这是一个艰难的选择，黄素琼不停地问着自己，这期间她也在痛苦中彷徨着。

遗憾的是，张廷重从来没有意识到自己的错误。在他的思想里，还遗留着晚清时期男尊女卑的思想，还残存着夫即是天的思想。他认为，寻花问柳、妻妾成群、抽大烟、赌博、酒肉觥筹，这些是每个男人都在做的事情，为什么他就不可以？他偏偏要证明这些是对的，并且从骨子里透出来男人就该是一家之主的桀骜，无论他做什么，女人都应该接受。

他们之间的争吵愈演愈烈，有时候甚至不再避讳两个孩子。你一言我一语地相互争执，甚至拿起手边的东西便朝对方丢过去。地板上发出叮叮咚咚掉落的声音，也会有玻璃的碎片四散飞溅，两个孩子瑟缩地躲在用人身后，惊恐地望着眼前的父母，一动都不敢动。

这是黄素琼在规劝无果之后的无奈选择，她想用暴力的抗争挽回丈夫的心，挽留这段婚姻。深受五四新思潮影响的黄素琼生性泼辣，她决不能容忍自己的丈夫还有别的女人，甚至沉浸在酒池肉林中流连忘返。遗憾的是，张廷重并不能理解黄素琼的一片苦心，他不仅没有听劝，反而变本加厉。无奈之余，黄素琼阻止过张廷重出门，给他搅过局，但张廷重仿佛变了个人似的，除了争吵打闹，就是摔门而出。黄素琼原本温馨的少女梦，在这个男人粗鲁的咆哮声中渐渐破碎了。静寂的夜里，黄素琼仿佛听到自己内心破碎的声音，她终于明白，一切的努力都是徒劳，与其想着挽救和改变张廷重，不如选择一条自己喜欢的路痛痛快快地走！至于孩子，她已无暇顾及！

事实上，张廷重做了这个决定的推手，张廷重守着种种劣迹，不愿意回头。黄素琼终于下定决心要离开这里，离开这个让她倍感侮辱的男人！

离开的念头一旦像一粒种子扎根在黄素琼的心里，就会慢慢生根发芽，直至开花结果。女人的决断力有时候并不输给男人，当她真的决定这样做了，反而安静了。黄素琼是个聪慧的女子，她知道自己要什么，也知道该怎么做。她不再过问张廷重的生活，任凭他做什么，都不再和她有关，她要做的，是做好离开的准备。她努力地学习英文，西方国家像

第一章　生如牡丹傲群花

个有魔力的磁场，吸引着黄素琼的心，她总觉得在那里或许能找到渴望已久的自由和自己的梦想。黄素琼同时也是个精致的女人，她会研究怎么穿着打扮，总是把自己打扮得漂漂亮亮，她对颜色也有着独到的见解，为此还学习过画画。

黄素琼的生活似乎充实了起来，也平静了下来。张廷重似乎以为自己胜利了，照样活得苟且，以为黄素琼终究是一介女流，吵闹没有用，她也就没有别的办法了，只好乖乖地跟着自己过日子。殊不知这种平静，却是暴风雨来临的前奏，在这暗黑的黎明前，蕴藏了极大的不安分。

在这场没有硝烟的战斗里，不止黄素琼一个，还有另外一位女性，她就是张廷重的妹妹张茂渊。张茂渊也加入了讨伐张廷重的行列，把他从头数落到脚。也许是他们兄妹情深，妹妹希望哥哥能够有一个好的前途才会这么认真地反对吧。但是张廷重却受不了，他一辈子活在别人的安排里，现在，他好不容易挣脱了这些枷锁，想要潇潇洒洒地过些逍遥自在的日子，却不料先是自己深爱的妻子站出来对自己横加指责，接着连自己的亲妹妹都和嫂嫂站在一起，共同约束他的生活。对于深受男尊女卑思想影响的张廷重来说，这无异于挑战了他男人的尊严和地位，他极力地想要征服这两个女人，却又只能做些无能为力的谩骂，他没有能力改变她们的想法。

诚如张煐所说:"有两种女人很可爱,一种是妈妈型的,很体贴,很会照顾人,会把男人照顾得非常周到。和这样的女人在一起,会感觉到强烈地被爱。还有一种是妹妹型的,很胆小,很害羞,非常依赖男人,和这样的女人在一起,会激发男人个性的显现。比如打老鼠、扛重物什么的。会常常想到去保护自己的小女人。还有一种女人既不知道关心体贴人,又从不向男人低头示弱,这样的女人最让男人无可奈何。"

黄素琼和张茂渊这两个女人,虽然不能说她们不知道关心体贴人,却实实在在从来不向男人低头示弱,她们着实让张廷重无可奈何。张廷重不能不说是沮丧的,抽大烟可以得到短暂的麻醉,在烟雾缭绕里他暂时忘记了家中反对他的两个女人;嫖妓可以让他找回男人的尊严,搂在怀里的女人,最起码对他是百依百顺,颦笑谄媚,绝不会横眉冷对,更不会摔杯子摔盘子。他就这样麻醉着自己,任由自己沉沦再沉沦,享受着有限的欢愉。

海面上看起来风平浪静,海面下早已蕴藏了惊涛骇浪。在一番精心策划中,张茂渊终于申请到去欧洲留学的机会。黄素琼有了离开的最恰当的借口:张茂渊需要一位监护人,作为嫂嫂的黄素琼自然是最合适的人选。

家,是一个女人用毕生的精力苦苦经营的地方。若不是同处一室的男人太不成器，没有哪一个女人愿意毁坏赔上自己青春的婚姻。张廷重的肆意妄为和自甘堕落，终于把妻子远远地推开，这或许不是他的本意，但他终究没能留住他的婚姻，他的妻子。

第二章 带刺玫瑰始绽放

童年时期如果能拥有一个幸福的家,如果能得到父母全身心的爱,那将是一个人莫大的幸福。可是世事沧桑,有些人,即使身体里流淌着贵族的血液,整日享受着饕餮大餐,住在奴仆成群的豪宅里,依然不能弥补精神里隐藏的孤独!仿佛娇艳的玫瑰花,一边努力地绽放着自己,一边周身布满尖刺来保护自己。她并不想恨,只想爱,可是最终还是伤人伤己!

人去楼闹空余恨

　　放纵和享乐是人类的劣根性,如果不是道德和法律的约束,没有人愿意中规中矩的生活。这句话用在张廷重身上再恰当不过了,他们把家从上海搬到天津,有了独门独户的花园洋房,再不必看着兄嫂的脸色过日子,更不必领着微薄的物资算计着生活。对于张廷重夫妇而言,这简直就是新生活的开始,他们很快为自己添置了汽车,雇用了司机,身边围绕的,除了一双可爱的儿女,还有忠实的用人。

　　这是一座带花园的洋房,花园里竖着一架秋千,这里成了张煐和弟弟张子静欢闹的地方,在习习的微风中,他们争抢着坐在秋千上,使劲地扭动着身体,银铃般的笑声回荡在整座宅子里,用人们则微笑着守在旁边。

　　然而,就算这样一座高档的宅子,还是装不下张廷重膨胀的虚荣!有妻有子,有车有房,有用人伺候,这些似乎还不能体现他作为一个贵族遗少的身份,他想要的是自由和占

第二章 带刺玫瑰始绽放

有,那种为所欲为的自由和吞噬一切的占有。所以才有了他畸形的人生,把吃喝嫖赌抽当成了有尊严的生活。他从来没有想过,自己的举止有多么荒唐,甚至当黄素琼提出要陪着张茂渊出国留学的要求时,他还在愤怒地为自己辩白。

黄素琼要抛下丈夫和儿女漂洋过海,这种行为在一个传统男人的眼里,简直就是对他的奇耻大辱,他当然不能忍受!张廷重拿出一家之主的气魄,头一次斩钉截铁地回绝了黄素琼。他以为只要自己不同意,这个女人就只能偃旗息鼓,不再闹腾。

黄素琼的确没有再和他吵闹,她只是默默地收拾好行装,把陪嫁的古董也认真地整理在几个箱子里,并买好了出行的船票。她已经思虑了无数个夜晚,这个决定凝聚了她对张廷重深深地失望和对未来憧憬的满满的勇气。这个瘦削而娇小的女人,体内爆发出喷薄的力量,让张廷重毫无招架之力。

人们总是以为日子会随着自己的意愿呈现;人们总是以为爱人会包容自己的一切任性;人们总是以为来日方长,很多事习惯性地往后推。殊不知,很多事很多人,就在我们的自以为是中搞砸了、弄丢了。即便如此,我们还在为自己抱屈喊冤,认为是别人做出了过分的举动,伤害了我们。

除了面子和尊严的问题,张廷重其实是爱着黄素琼的,再过一年他们就携手走到了锡婚，他早已习惯了睁眼就能看到枕畔的这个女人，虽然他们之间有诸多争吵，但哪个女人没有脾气？哪对夫妻不曾吵闹过？他是真真切切爱着她的。如今，他以为能厮守终生的女人，居然要在子女尚且年幼的时候，抛下他们远走异国，这让他如何能用平和的语调与她协商？张廷重慌张中带着愤怒，恐惧中带着无奈，他用歇斯底里的吼叫想要留住这个让他抓狂的女人。可是他已经错失良机，如果在黄素琼百般规劝时他能够警醒，从酒池肉林中回头，或许还有商量的余地，可是现在，一切都结束了，黄素琼的心已然冰凉，她再不会相信张廷重的任何一句言语。

　　生活中的大部分情侣都有这样的体会，当对方近在咫尺时，总觉得这里不好那里不好，动不动就生出嫌弃和厌恶的神情，可是当对方真的选择了离开，又懊恼不已想要挽回。然而，平常的点点滴滴已经像钉子般镶嵌在对方滴血的心里，又怎么可能仅仅只靠几句忏悔和温存的话就能抹平长久以来被刺出的坑洞？张廷重看着眼前意志坚定的女人，忽然心生一计，也许断了她的生计，她就会妥协了。从来不肯向黄素琼低头的张廷重，此时破费心思，他暗中唆使用人们拿走了黄素琼装有古董的几个箱子，但他笨拙的沟通方式终究没能发挥作用。丢了古董箱的黄素琼虽然也有些疑惑，但她没有受到丝毫影响，重新又整理了一些古董，整装待发。

第二章 带刺玫瑰始绽放

别离的时刻终于来到了,看似坚定倔强的黄素琼此刻却不淡定了,她倚在竹床边抽抽搭搭地哭泣,把一个颤抖的背影留给了年幼的张煐。没有人知道她到底为什么而哭,许是对儿女的不舍,许是对已逝的青春惋惜,许是对未知的恐惧,许是对婚姻里饱尝的委屈,总之她就倚在竹床上,不依不饶地哭泣。眼看着开船的时间一点点临近,小姑子张茂渊上楼来提醒了一次,但是没有反应,黄素琼似乎忘记了时间,忘记了今天的计划,她依然只是旁若无人地哭泣着。所有当过母亲的人,想必都能体会到骨肉分离的那种痛楚,不论黄素琼多么坚强,她终究还是一位慈爱的妈妈,从此以后将与自己的子女天涯相隔,这种无奈的割舍将吞噬着她的心!也许,她唯有把所有的担心与牵挂统统化作眼泪,留在这座宅子里才肯放心离去。

四岁的张煐和三岁的张子静随着用人矗立在母亲的床前,他们茫然地看着抽泣的母亲,并不明白母亲究竟为何伤心,更不明白母亲这一走,对他们而言意味着什么。看得出黄素琼那一天刻意地打扮了自己,她身着一件闪亮的绿色衣裙,亮片随着她身体的颤抖不停地闪烁,在张煐的眼中,那些亮片全部幻化成母亲的眼泪。

真的到了非走不可的时候,再耽搁就会误了船期。用人们自知无法劝说,只好悄悄地告诉张煐,让她去提醒黄素琼,张煐被轻轻地推到离母亲更近的地方,她看到了母亲哭得通红的双眼和满脸的泪水,几缕头发混着泪水贴在脸上。

张煐怯怯地说:"婶婶,该走了。"据说张煐是被过继给长房伯母的,所以称呼自己的母亲为"婶婶"。黄素琼又哭了一会,才掩面忍痛出行。

一众人等一起到码头送行,甲板上的黄素琼,不,此时的黄素琼已经改名为黄逸梵,或许是她感觉原来的名字不够浪漫,又或许是她想与过去做个彻底决裂,她在所有出行的文件上使用了"黄逸梵"的名字,那一年她二十八岁,并且是两个孩子的母亲。黄逸梵和张茂渊站在甲板上与送行的人挥手告别,送行的人也挥手向她们作别,年幼的张煐和子静混在人群中,也学着大人的样子挥手,却不知他们的母亲会长久地离开他们。黄逸梵的亮片衣服在阳光的照耀下显得格外晃眼,一闪一闪,像极了晶莹的泪珠,在轰鸣的汽笛声中,这些亮片逐渐变成了小点,直至完全消失,与茫茫的大海融为一体。

此时的张廷重并没有出现在送行的行列,对于这个让他有强烈挫败感的女人,他选择了避而不见。他躲在了一个被称为老八的妓女那里,借酒浇愁。老八,其实是张廷重在外面养着的姨太太,对张家人而言这已经不是什么秘密,黄逸梵还没有离开的时候,张廷重就曾带着张煐见过她。此时黄

第二章 带刺玫瑰始绽放

逸梵远走他国，张廷重更是肆无忌惮，有时他会带着张煐出入老八的公馆。张煐虽然并不清楚父亲为什么总爱往老八的公馆跑，但她敏锐的洞察力告诉自己，母亲的出走一定与这个女人有千丝万缕的联系，她本能地抗拒，在父亲的怀中踢打哭喊，可终究是抗不过父亲，在父亲无情的巴掌中，张煐只能屈从。

张煐对母亲的记忆并不多，但是一些温馨的片段还是刻在了她的脑海里。记得她们刚到天津的时候，每天早上，张煐会被用人抱在母亲的睡床上，她记得母亲的被子是方格的，晨光透过纱窗照进来，母亲似醒非醒地睁开眼睛，脸上的表情看不出是高兴还是不高兴。但她会陪张煐一起玩，并教她识字、背诗词，如果记住了就会给她糕点吃。这是张煐一天当中最开心的时候。母亲走了，这些情景只能藏在记忆深处，时不时地拿出来回味。

老八的出身并不好，是个妓女，年龄比张廷重还要大，瘦瘦小小的，仔细观察眉眼间有几分黄逸梵的影子，性格粗鲁，脾气暴躁。在黄逸梵离家没多久之后，老八就被张廷重带回了家。张煐对这件事曾有记载，在其作品《私语》里，她描写道："母亲去了之后，姨奶奶搬了进来。家里很热闹，时常有宴会，叫条子。"老八喜欢热闹，经常把同样出身的姐妹们叫来家里，举办宴会。黄逸梵虽然思想新派，对用人们却都挺好；老八却不同，她有着几分霸道，俨然像个女主人一般吆五喝六，用人们私底下对她都极为不满。不过，让张煐印象深刻的是老八经常带她去起士林看跳舞的事。在《私语》里，张煐这样描述："姨奶奶不喜欢我弟弟，因此一力抬举我，每天晚上带我到起士林看跳舞。我坐在桌子边，面前的蛋糕上的白奶油高齐眉毛，然而我把那一块全吃了，在那微红的黄昏里渐渐盹着，照例到三四点钟，背在用人背上回家。"姨太太把张煐带在身边，这让张煐有了被爱的感觉，张煐真的很喜欢这种热闹，因为只有这样才真实。

不知出于什么原因，老八有时会心血来潮地为张煐做一件比较昂贵且时髦的衣裳，有时会颇有兴致地与张煐穿亲子装，并领着张煐到处闲逛。张煐心里虽然清楚，陪在身边的这个人并不是自己的亲生母亲，她也分不清老八是真的对她好还是另有所图，但她非常享受这种陪伴，有时候感觉老八比自己的母亲都要好。所以当老八问她："你喜欢我还是喜欢你母亲？"她居然不假思索地回答了："喜欢你。"

弟弟张子静就没这么幸运了，老八对弟弟总是爱理不理，弟弟便只能跟着用人和姐姐一处玩，好在家里其他人都对弟弟百般宠溺。母亲的离开，似乎并没有影响张煐和张子静这两个孩子的生活，她们依然每天开开心心地，用人张干和何干对两个孩子格外用心，这也稍稍弥补了母亲不在的

第二章 带刺玫瑰始绽放

缺陷。

昔日的宅子，总是充满吵闹的气息，如今随着老八的到来，宅子里开始有许多女人进出，一时间变得热闹非凡。冰冷的宅子有了家的温度，每个人脸上都多了一分笑容，但用人们还是不太喜欢这个姨太太，总在有意无意间，提醒两个孩子，在海的那一端，有一个叫黄逸梵的女人，那才是他们的母亲。母亲其实也在牵挂他们，隔三岔五地寄点东西回来，也许她也害怕被孩子们遗忘吧，毕竟他们都还那么小。

都说女人是一个家的灵魂，有女人的地方才像家。老八虽然冠冕堂皇地进入张家大宅，却与张家世代书香的灵魂不能相融。她所关心的，无非是自己的吃穿用度，怎样才能得到一笔又一笔的零用钱，至于张廷重那些糜烂的生活，她统统都可以视而不见听而不闻。这样的两不干涉倒为张家大宅换来短暂的清净。但是，偶尔相聚与长相厮守毕竟不同，之前老八在公馆里时，张廷重只是隔三岔五地过去，如今实实在在生活在一处，时时刻刻都见面，难免生出一些柴米油盐的矛盾。他们也开始了争吵，打破了家的和谐和美好，矛盾愈演愈烈，突然有一次，老八居然随手拿起一件重物砸向了张廷重，张廷重躲闪不及，重物不偏不倚地砸在他的额头，并流了血。这让张廷重感到奇耻大辱，雷霆暴怒，他绝情地向这个跟了他几年的女人发出驱赶通牒。

老八自然心不甘情不愿，当初被悄悄地带进张家，原本以为找到了一生一世的依靠，却不料短短几年便遭到遗弃，她怎能甘心？但这件事动静实在太大，它惊动了张家的长辈和诸多亲戚，他们从各地赶来，帮着张廷重共同讨伐老八。老八自知没有回旋的余地，她吊着脸，收拾好所有的物资，整理在两辆车上，形单影只地离去。

张煐亲眼看见了母亲的离去，亲眼看见了老八的离去，一个家庭的繁华与萧索，悲欢与离合，在她幼小的心灵上幻化成最初的人情世故，让她变得格外敏感，格外谨慎，也格外成熟。

山穷水尽再靠妻

沉沉的暮色里，隐藏了多少秘密？母亲不在身边的日子里，父亲忙于工作和应酬，无暇顾及张煐和张子静姐弟俩，他俩反倒成了相依为命的一对。张子静遗传了母亲的美貌，常常被大家夸赞。而张煐则不然，普普通通的一张脸，还有一点怪脾气。好在照顾他们的用人都比较用心，尽管不能像母亲那般事事体贴，却也守着张家的规矩，让姐弟俩的生活起居有规律，每天都带着他们到花园里玩耍。

张煐平时看着寡言少语，斯斯文文，但她的脑海里却藏着许多古灵精怪的想法，就连玩都玩得别有韵味。童年的玩伴甚少，弟弟成了陪她玩耍的最佳人选，那一段美好的岁月深深印刻在张煐的脑海里。张煐擅长编排，她不知从哪里听来了《金家庄》，便生出一个玩耍的好主意：每到黄昏，厨房里传出"咚咚咚"的切菜声时，她和弟弟就分别扮演金家庄上的两名武将，一个称作月红，一个称作杏红，一个要一把宝剑,一个舞弄一对大铜锤,把黄昏里影影绰绰的东西都当作他们的同伴,借着朦胧的月色,踩着"咚咚咚"的鼓点,向山那头的蛮人杀过去。山路蛮荒,偶尔窜出两头凶猛的老虎,也被他们一举拿下,还顺手牵羊获得了老虎蛋——其实也不过是用一块极小的锦毛毯做成的道具,剖开的形象看着很像一枚白煮鸡蛋,却有着浑圆的蛋黄。弟弟并非每次都这么听话,偶尔也会闹点小情绪,不配合张煐的主意。张煐哪里肯罢休?她会想方设法让弟弟讲故事,可是弟弟每次都讲一样的内容,总是关于两只老虎的,看着他憨憨的模样,张煐会咯咯大笑起来,并情不自禁地亲吻他的小脸蛋。因为眼前的这个小男孩实在是太有趣了。

孤独的日子里,姐弟俩相互陪伴。在姨太太冷落张子静的那段时日,张煐便这样与弟弟逗趣,这些趣事稍稍冲淡了他们对母亲的思念。母亲离家已有数年,张煐也曾在心里思念过母亲,但她到底忍住了没有说,她抱着母亲寄回的洋娃娃,穿着母亲寄回的衣服,从这些带着母亲味道的东西里,感受着母亲的温暖。

后来老八来了,老八把母爱从虚幻中带到现实,张煐很是怀念老八带她四处闲逛的时光。她们穿着亲子装,仿佛真的就是一对母女。老八牵着张煐的手,那双手既柔软又温暖,张煐很喜欢那种感觉。如今,曾经带给她温暖的老八被

第二章 带刺玫瑰始绽放

父亲撵出了家门,望着她瘦削的背影和苍白的面容,张煐似乎有那么一点点遗憾。但她什么都做不了,大人的事她无权干涉,只能眼睁睁地看着。

老八离开时,张煐都快八岁了,她记住了老八所有的好处。在她细腻而敏感的心里,记住了所有对她好的人。风浪过后,海面又归于平静。姨太太走了,张家又变得冷清。用人们照例每天带着两个孩子在花园里玩,张廷重一如既往地每日外出,赌博、抽大烟、逛窑子、胡吃海喝……他每天都沉迷于此。真的是"祸不单行,福不双至",张廷重刚从一团乱麻的家庭生活中解脱出来,又迎来失业的重创。1927年,当初为他介绍工作的堂兄张志潭被解雇,而张廷重因为经常旷工,恶习众多,且有家暴行为,也被免职。张廷重每日郁郁寡欢,他忽然觉得,如果结发妻子黄逸梵还在身边,就可能不会有这么糟糕的境况。他萌生了让妻子回国的念头,并试着给她写了一封信。在信中,他言辞恳切地承认自己以前的错误,并向妻子保证一定痛改前非,洗心革面,重新做人。

女人的心总是柔软的。尽管四年前黄逸梵被张廷重的种种劣迹伤透了心,毅然决定远走异国他乡,如今却仅凭一封忏悔信,黄逸梵又毫不犹豫地决定回国。如此看来,时间和空间拉长了人与人之间的距离,却又让思念变得更加浓烈。

若非迫不得已，又有哪个女人愿意抛家弃子，去陌生的国度生活？

黄逸梵回国，自然是有条件的。首要的一点，就是张家只能有一个女主人，绝不允许有其他的姨太太出现。张廷重为了能让黄逸梵快点回家，当然什么都应允。家里忽然间沸腾了起来，用人们进进出出地各自忙碌，脸上还挂着微笑。不久后，母亲和姑姑要回来的消息传到了张煐耳朵里，张煐自然无比欢喜，她思念了无数次的母亲终于要回来了。等待就是为了见面时一刹那的惊喜。

为了与过去做个了断，张廷重主动提出搬回上海去住。有时候，人需要多经历一些磨难，唯其如此才能让自己成长，才能懂得珍惜。黄逸梵在身边时，他总是嫌弃妻子管这管那，不曾与妻子好好交流过。可是妻子离开的这段日子，他的生活是自由了，心情却糟糕得一塌糊涂。姨太太的暴力，工作的丢失，都让张廷重有所触动，以至于他有了改进的动力。他深刻地意识到，家里缺了女主人就缺了灵魂，黄逸梵始终是最适合的女主人。他像第一次迎娶黄逸梵一样，慎重地布置着一切。他要给黄逸梵一个家，一个真正意义上的新家。

张廷重只身一人来到上海，很快便找好了一处石库门房子。用人们和两个孩子按照计划乘船回上海。出行前，用人

第二章 带刺玫瑰始绽放

何干给张煐描述大海的样子：据说那是一片黑水洋绿水洋。张煐那时已经八岁，对用人嘴里的黑水洋绿水洋充满了好奇，等到他们真的坐在船上，她便认真仔细地观察了海水的颜色：那晃动的海水，果然有漆黑、碧绿。张煐在孤寂中养成了爱看书的习惯，纵然在颠簸的船舱里，她还是抓着一本《西游记》来看，这本书她读了一次又一次，总是读不厌。此时她躺在船舱里，刚好看到唐僧师徒过火焰山那一段，炎炎烈火裹挟着漫漫黄沙，孙悟空借芭蕉扇借得那么艰辛，第一次竟然借到一把假的芭蕉扇，把火焰山的火越煽越大。在黄沙和火焰的映衬下，张煐闭着眼都能想象出海水清凉的样子。

经过一番颠簸后，船靠岸了，他们站在了上海的码头。张廷重早早地派人来接，他们坐在马车上，欢欢喜喜地朝着新家走去。新房子不是很大，却带给张煐不小的惊喜，朱红的墙壁让她感觉到欢乐无比。不久之后，母亲和姑姑也回到国内，那一天，张煐像过年一般，精心挑选了一套自以为很好看的衣服：上衣是一件穿得有点掉色的橙红色小袄，下身配了一条黑色的长裤。在她看来，迎接母亲回家是一件庄重且隆重的事情，她必须得用心准备。也足以看出，母亲在她心里其实占据了非常重要的位置。穿戴整齐的张煐和用人们坐在客厅里等候，心里忐忑不安，不知道几年未见，母亲有了怎样的变化？不论父母怎样对待子女，子女对父母的依赖和爱是永远不会改变的。

张廷重也有着同样的兴奋，他与用人一大早便去了码头，想把黄逸梵和张茂渊早点接回家中。不知道他在去往码头的路上，是否回忆起当初娶黄逸梵的情景？那个时候，他还是偏偏的美男子，黄逸梵还是娇羞的少女，如今十多年过去了，他被自己的恶习折磨得痛苦不堪，既丢了工作，丢了健康，又丢了爱人；而黄逸梵则一路向自由和独立靠近，四年多的时间，会让她变成什么样子呢？在焦灼的等待中，黄逸梵和张茂渊终于出现了，张廷重在熙熙攘攘的人流中一下就看到了她俩，黄逸梵依然那么袅袅婷婷，似乎岁月在她脸上凝驻，不曾留下任何痕迹。然而黄逸梵并没有跟张廷重回家，她先回了娘家。在时间的轴上，留了太多的白，骤然重逢，两个人都会有局促的感觉，不知道该怎么和对方相处，回避也许能化解彼此的陌生和尴尬。

踏着暮色，黄逸梵和张茂然终于回到了家。张家的人一片热情，所有的一切都已准备停当，只等黄逸梵这个女主人隆重出场。张煐在微黄的灯光里看到了久别的母亲，母亲看到她没有惊喜，没有拥抱，反倒开始指责她的衣服太小，刘海太长；转头看到张子静时，又说他太瘦。张煐或许设想过无数种与母亲见面的场景，独独没有意料到母亲一见面就

第二章 带刺玫瑰始绽放

开始挑刺,她瑟缩在用人的身边,心里不能不说带着一丝失望。一个人的性格,就像是身体上自带的胎记,无论如何都抹不掉。黄逸梵这种只管自己畅快,控制欲又极强的性格,让与她相处的所有人都感觉到莫名的压力。张煐如果能懂得母亲只是习惯了挑剔,并不是对她不满意,她也许会忽视母亲刻薄的话语,直接冲过去,搂着母亲的脖子撒娇,以倾诉她对母亲的思念之情。但她终究是克制了自己,忍着一腔的思念静静地看着母亲。

夜深了,整座宅子安静了下来,奔波劳碌了一天的人们都进入了梦乡。人生和那天上的明月没什么两样,圆了又缺,缺了又圆,因着不圆满才让人有了期待和惊喜。黄逸梵回来不久,就开始行使自己女主人的权利。她对这座石库门的房子也是不满意的,所以很快他们便搬进了一座带花园的洋房,在黄逸梵纤纤巧手的搭配下,这座花园洋房焕发出新的生机:尖尖的屋顶,明艳的色调,宽敞的客厅,漂亮的花园,洁白无瑕的钢琴,处处透露着西方的气息,亦如它的女主人黄逸梵一般。张廷重什么都依着黄逸梵,似乎为了表明他彻底悔改的决心。然而他自己却不得不暂时离开这里,去医院里拯救自己。

所有任性的行为,都会在人的身体里留下不可磨灭的痕迹,人的心可以骗人,身体却很诚实。张廷重在长期酗酒、逛窑子、吸食鸦片、注射吗啡等恶习让身体虚弱到极点，至黄逸梵她们回来时，他已经出现了精神恍惚、意识涣散的症状。一个男人的生活空虚到如此地步，生活中的人和事又不受他控制，想来他也只能靠着毒品麻醉自己。人生的路有千万条，生活的方法有千万种，只是张廷重选择了自暴自弃的那一种。妹妹张茂渊特意为他找了法国的专家，协助他治疗这些恶习。

环境的确会影响人，赴英国生活了四年，黄逸梵的血液里早已融入了西方的生活方式。她的生活充实而高雅，有时候会与张茂渊一弹一唱：白色的琴键在张茂渊手下轻轻跳动，柔和的歌声则从黄逸梵口中唱出；有时候她会与一个胖胖的女人共同表演一幕关于爱情的话剧，配着优美的钢琴曲，胖女人痴情地表白，黄逸梵则大方地回应；有时候她会邀请许多朋友和亲戚，在客厅里举办宴会。黄逸梵会亲自下厨，烹制出精美的糕点，配着红酒、奶茶，谈论着艺术。不得不说，黄逸梵是个很会生活的人。这个家，终于不再是烟雾缭绕和浓妆艳抹了，它展现出一个女人的情调和品位。

张煐的生活自然也别有一番风味。她穿着合身的新衣服，与弟弟一起跟在母亲身边，看着她举办宴会、表演节目。钢琴房的地上铺着一张柔软的狼皮褥子，这里成了姐弟俩的乐园，他们可以一边听着音乐，一边在狼皮褥子上翻

第二章 带刺玫瑰始绽放

滚。母亲是个爱好广泛的人,她喜欢画画和音乐,也认识许多相同爱好的人。张煐遗传了黄逸梵的艺术细胞,她也对画画和音乐有着超乎常人的敏感。母亲有时候会问她:画画和音乐,你更愿意学哪一个?面对母亲的提问,张煐并没有立刻给出确切的答案,或许是她还没有想好,或许是她害怕选错招来母亲的嫌弃。不过这个问题很快就有了答案。她随姑姑和母亲去看了一部电影,电影的主题恰恰是关于一个画家的故事,画家虽然能画出一手好画,生活却过得贫苦而窘迫。如果为了艺术就必须付出这样的代价,张煐是无论如何不会考虑学画画了。张煐为画家的生活境遇哭泣,所以尽管她非常喜欢画画,但还是把学音乐选为自己学习的人生方向。尽管她并不确定母亲是否会喜欢她的选择,但她还是小心地说了出来。

张煐喜欢看着姑姑和母亲一弹一唱的场景,她喜欢那些在人的手指间跳动的黑白键,更喜欢钢琴发出的流水般的声音。母亲这一次没有训斥,也没有反对,反而微笑着点了点头。只要母亲肯给予她一丁点的肯定,张煐都会非常开心。黄逸梵并没有与张廷重商量,她花费重金为张煐聘请了一名外籍钢琴教师。母亲说:"任何事物都是有灵魂的,要学习钢琴,首先要学会爱护手中的琴。"一个人的儒雅和教养都是刻在骨子里的,黄逸梵用自己的言行影响了张煐一生。母亲仿佛成了张煐张望世界的窗口，母女相处的每一个时刻，都让张煐感受到母亲身上那种自立自强的精神。在张煐心里，其实挺崇拜她的母亲，所以她才要在母亲面前刻意地表现。因为懂得，所以存了欣赏的心；因为在乎，所以存了尊重的心；因为真爱，所以存了谨慎的心。

时间如果可以凝驻，这一刻便是张家大宅最为温馨浪漫的时刻。家里到处弥漫着母亲的气息，让人倍感温暖。张廷重在医生的精心治疗下也慢慢康复了，暂时忍住了吃喝嫖赌的坏习惯，陪在妻子和儿女身旁。有时候，张廷重心血来潮，会教儿女读书写字，妻子倚在一旁看着，一双儿女围在身旁认真听着，偶尔打断他问几个问题。休息时，孩子们便开始嬉戏打闹，妻子则会为他们准备散发着香味的牛奶和糕点，房子里经常充满笑声。张煐对这段生活非常留恋，在她后来的文字中多次描绘。

大雁南飞时，是必须得有一只领头雁来把握方向的，方向一旦错了，整个雁群就会偏离轨道，危机四伏。张廷重作为张家的领头雁，他到底还是偏离了承诺的轨道，把张家领向支离破碎的深渊。

禀性难移终决裂

每一位做母亲的人,都希望自己的子女非常优秀。黄逸梵自然也不例外,她在享受生活之余,最大的愿望便是把张煐培养成她设想的淑女。淑女,听起来软软的词语,不付出辛苦是绝难做到的。私塾老师一个接一个被请进家门,有的教英文,有的教诗词,有的教钢琴,她自己还兼做张煐的画画老师。张煐自小就表现出画画的天赋,可惜在看了一部关于穷困潦倒的画家的电影之后,她毅然决然地抛弃了这个职业。在她看来,为了艺术而忍受贫穷是极残忍的事情,她无论如何不能接受。

贫穷还是富贵,其实并不能从一个家族或一个人的历史或外表中去判断。有时候,一些细枝末节的东西,反而能够反映出事情的原貌。张家,无论从家世来说,还是从他们目前的生活来说,都给人一种非常阔绰的感觉。从张廷重肆意的挥霍中,我们也能感受到其家底之厚。然而,并不是所有生在张家的人都有财富的支配权。在张煐和张子静的印象里，钱不过是张廷重独享的东西，他们的吃和穿，早早地被用人安排好，这姐弟俩是很少碰触钱的。即使年初的压岁钱，也都会被大人们没收掉，还美其名曰地为他们好，怕他们乱买零食，只是替他们保管一下。可是保管的期限就不知道了，在张煐的记忆中，每每她需要钱买东西，就得去烟铺寻找张廷重，然后站在那里等着父亲抽完大烟，才在诸多问题中不情不愿地给她。这应该会刺伤她敏感的自尊吧，因为，在张煐的一生中，她都对钱特别看重，而且她自己从不否认对钱的喜爱。繁华的外表下，却藏着一颗隐忍的心，生活的磨砺确实会在一个人的心里留下印记。

这个不过八岁的女孩，在黄逸梵的调教下，向着多才多艺的方向发展。她虽然没有选择画画为终生职业，但在茶余饭后，还是会拿着笔涂涂抹抹。这种艺术天赋应该也是一脉相承，因为，黄逸梵就特别爱画画，她对色彩的把握和敏感令张煐叹服，这从母亲布置家和穿衣搭配上可见一斑。

不知为何，张煐对红色总是情有独钟，橙红色的小袄、红色的尖顶房、朱红的墙壁……这些带给她欢乐和喜悦的东西都和红色有关。而她作画时最爱用的底色，也是满满的红色。母亲从审美的角度提醒她，红色做底会抢走图画本身的主题，人们除了那一抹红，很难再发现别的美景，但张煐还

第二章 带刺玫瑰始绽放

是坚持。或许，母亲的出走，父亲的淡漠，姨太太的做作，用人们的重男轻女，让她感觉到生活的冰凉，她需要一团烈火，来融化心中的寒冰，红色正是这种充满希望和温暖的颜色。

母亲，是一个伟大的名词，她在带来生命的同时，也带来温暖和安全。名门望族不是一个简单的词汇，从这里走出的每一个人，都带着千般规矩和万般锤炼。从中国古老的智慧来说，这是一种平衡，要想享有至高的荣誉，就必得付出无限的辛苦。黄逸梵很清楚这样的道理，她知道淑女的打造是大工程，必须点点滴滴地渗透，必须做好打持久战的准备。在她们的小洋房里，摆满了各种书籍：《海上花列传》《红楼梦》《西游记》《二马》等等。后来，黄逸梵还订阅了《小说月报》。这些书丰富了张煐的生活，而带着她走进书籍世界的是她的父亲和母亲。母亲喜欢边上厕所边看书，张煐知道母亲的习惯，所以每当母亲上厕所，她便守在厕所门外，听着母亲为她读有趣的故事。读得比较多的是老舍先生的小说《二马》，母亲好像很喜欢老舍的作品。一个坐在厕所的马桶上读着，一个守在厕所外的门上听着，《二马》这本有点滑稽讽刺的小说，在母女俩的欢笑中被读来读去。如果刻意要求别人去做一件事未必就能如愿，而这种没有说教的潜移默化，反倒引发了张煐阅读的兴趣。她知道，很多有趣的事，有趣的人，就藏在这些文字里。她也逐渐明白，文字是多么有力量地表达方式，心里想的、嘴里不想说的、不能说的，都可以变成笔下的文字，默默地诉说。母亲，为她日后的写作埋下了一粒种子。

父亲也是支持张煐读书的，只是他满腹经纶里都透着酸腐的气息。不得不说，张廷重是一个博学的人，他有着深厚的中国古典文学底子，诗词歌赋样样精通。但在吟诗作对之外，却不愿意把思想的天窗打开，接受一点新思想。他固执地认为，请私塾先生是教育孩子最好的方法，至于已经兴起的学校，他都嗤之以鼻，极力反对。他为张煐和张子静请了私塾先生，却不曾让他俩到学校去上学。时代在不停地发展，而他却固守成规，不懂得与时俱进，不懂得变通，只沉迷在自己编织的辉煌旧梦里，履行着一家之主的职责。

夫妻，本该一唱一和，有事商量。无奈，张廷重因循守旧，冥顽不化；黄逸梵思想先进，追随潮流。即使在儿女教育的问题上，他俩都有着巨大的分歧：张廷重说，请私塾先生就可以，这是多少年来中国人接受教育的方式；黄逸梵说，必须送孩子们去学校读书，那才是接受教育最好的地方。夫妻两个互不相让，谁都不愿意妥协。依着黄逸梵的性子，但凡她想要做的事，绝不会轻易说放弃。她无视张廷重的重重阻拦，私下里联系好了一所小学，在一个阳光明媚的

第二章 带刺玫瑰始绽放

早晨，悄悄带着张煐去黄氏小学报了名。在填报名表时，黄逸梵停顿了一会，当初她出国留学为自己改了一个颇有艺术气息的名字，现在，她觉得"张煐"这个名字也难登大雅之堂，一定得给女儿换一个好听的名字才行，可是时间紧迫，她一时之间又想不出特别满意的名字，她脑海里浮现出张煐的英文名字"Eileen"，"Eileen，爱玲……"她嘴里念叨着，顺手把"张爱玲"三个字填在姓名一栏里。

张爱玲"诞生"了，她离开了私塾先生，离开了家，来到了新式教育的学校。这全是母亲的功劳，可是这件事触怒了张廷重，他对张子静看守得格外严格，再不给黄逸梵偷袭的机会。与其说他在抓着张子静的受教育权不放，不如说他是为了捍卫自己的旧思想。在张廷重看来，黄逸梵这个女人是疯狂的，疯狂到他无法驾驭，他的内心除了愤怒，更多的却是担忧和害怕。他担心黄逸梵再次离家出走，他害怕黄逸梵凌驾在自己头上，为所欲为，碾压他作为男人的尊严。

只有无能的人，才会用控制别人的方法来维护自己的权利。张廷重或多或少就有着这样的无奈，他不想改变自己，又找不到说服黄逸梵的方法。黄逸梵一次又一次地违背他的意志，除了愤怒，他实在想不出对策，无奈之下，他只能选择切断黄逸梵的经济来源。他天真地以为，花光黄逸梵所有的积蓄，她就会乖乖地留在自己身边。他就没有想到，当初黄逸梵仅靠着两箱古董就敢漂洋过海,去陌生的国家闯荡,现在,诸多亲戚朋友在身边,又怎么可能困得住她?何况,即使能困住她的人,也困不住她的心。对于张廷重的举动,黄逸梵自然有所察觉,很长一段时间,这个男人不再往家里拿钱。张爱玲学习钢琴需要支付高昂的费用,一家人的吃穿用度都需要花钱,黄逸梵的古董再多,也不能无止境地贴下去啊。更何况,一个男人绝情至此,又怎能不让一个女人对他彻底失望?

暴风雨来临之前,张爱玲是幸福且满足的,她抑制着自己的兴奋,给天津那边结识的小伙伴写信,描述了她们住着的小洋房是多么漂亮,母亲是多么优雅,舞会上的糕点和奶茶是多么好吃……她洋洋洒洒地写满了整整三张信纸,她生怕小伙伴体会不到她内心的喜悦,想象不出房子的样子,所以还专门画了一幅图,以便能让小伙伴一目了然。可惜,寄出去的信如石沉大海,张爱玲最终也没有等到回信。人生的喜悦的确要有人分享,不管对方是什么反应,我们说出来总归是令人愉快的。

内心懦弱的人碰到问题时,一般会有如下的表现:要么蜷缩起来,像刺猬一样防御别人;要么自暴自弃,不停地放纵自己。张廷重内心充满了无力感,他一边用暴怒和争吵防御,一边又慢慢拾起从前的恶习:去烟铺、逛窑子、抽大烟、赌博、养姨太太。他的钱不给家里用，却大把大把地洒在这些乱七八糟的地方。黄逸梵怎能容忍？更令人气愤的是，连黄逸梵买衣服他都会横加指责。黄逸梵是个爱美的人，对着装要求特别高，而且她很喜欢买衣服，她喜欢衣橱里挂满衣服的感觉，不论什么场合她都有得选择。每天早上起来，黄逸梵都会精心挑选当天的衣服，对着镜子一点一点整理好，直到她满意了才会走出房间。可是张廷重对此并不满意，他反对黄逸梵买那么多衣服，有时还会不屑地说"人又不是衣服架子"。

张廷重的心是细小的，也是狭隘的，他没有把精力用在谋求事业的发展上，反而用在这些琐碎的家事上面，甚至还要去干涉一个女人的穿着问题。他并不缺钱，自己在外面大肆挥霍，可是他又表现得那么小气，对妻子，对儿女，这种只允许自己享乐，不允许别人打扮和花费的思想，多少体现出张廷重内心的自私。他从来不曾想，在自己失去工作，身体虚脱，落魄失意时，正是黄逸梵这个女人不计前嫌，从遥远的异国赶回来，拯救他于水火之中，把他从死亡的边缘拉回来，给了他一个完整的家。现在，当他的身体一点点康复，亲戚朋友又开始与他来往时，他却违背了当初的承诺，那句"什么都听你的"仿佛还在耳边，可说这话的人却仅仅只把它当作一个笑话。

婚姻里，最怕的不是柴米油盐的平淡，而是毫无顾忌地彼此伤害。明明相爱的两个人，却因为不会爱，在互相折磨中渐行渐远。这应该是人世间最悲凉的事情了吧？张廷重极力地想挽留他的婚姻，内心里他应该是爱着黄逸梵的，爱，才会让他患得患失。可是，他又不知道怎么去爱，他以为爱就是女人对男人的屈从，爱就是男人对女人的经济援助。他从来没有意识到，爱像是一架天平，只有双方互相尊重才能够保持长久的平衡。张廷重在天平的一端无力地挣扎，他大吼大叫，他放纵自己，他伤害对方；可是黄逸梵稳如泰山，岿然不动，他撬不起黄逸梵的天平，反倒被黄逸梵撬得老高，他很心虚，想要抓住点什么来拯救自己。所以，破罐子破摔成了他反抗的法宝，越是黄逸梵反对的，他越要去做，也许他是害怕黄逸梵把他忘记，才用了这种刺痛对方的做法。

争吵和打闹又开始了，家里宁静而美好的气氛很快消失殆尽。和在天津时一样，张爱玲和张子静姐弟俩被带出房间后，夫妻之间的矛盾便开始爆发。张爱玲静静地坐在那里，听着房间里传出的吵闹声，面无表情地看着弟弟一圈一圈地骑着脚踏车，她的内心一刻也不平静。可是她什么都做不了，只能在猜测和等待中煎熬，她希望有一个完整而温馨的家，就像母亲刚回来时的样子，她害怕母亲再次离去，抛下她和弟弟。

宇宙是一个奇怪的磁场,每一个心念都会被它接收到。就如同爱玲的害怕,张廷重的担忧,他们都不希望黄逸梵离开。可是,越是担忧,越是害怕,就越有可能发生。黄逸梵在多次争吵后,终于抛出一句话:"我要离婚!"简短的几个字,如五雷轰顶般让张廷重通体受伤,他瞪着血红的眼睛充满愤怒,他绝不可能让这样的事情发生。要知道,在那个年代,离婚可是非常惊世骇俗的做法。且不说张廷重从来没有考虑过离婚的事,就算真的要离,也应该是丈夫先提出啊!为了捍卫男人的尊严,为了保全张家的脸面,张廷重坚决不答应离婚,可是,他的坚持真的能成功吗?

夹缝求生初涉世

不畏艰难险阻的人，通常都有着超乎常人的意志，他们会迎难而上，绝不退缩。黄逸梵的意志究竟有多强？她的脚是按照旧的传统被缠缚过的，偌大的人，站在一双极小的脚上，似乎像一枚螺丝钉，头重脚轻，走路都应该是颤颤巍巍的吧？然而，黄逸梵并没有因为自己有一双小脚而向命运妥协。她给这双小脚穿上了高跟鞋，用它跳出优美的舞步，成为交谊舞中的佼佼者；她给这双小脚穿上了滑雪鞋，在阿尔卑斯山的茫茫雪地里，滑出风一样的速度；她蹬着这双小脚，奋力地在游泳池中扑腾，然后她学会了游泳……她带着这双小脚，踏遍千山万水，走过很多国家。从这些事情中，我们可以看到黄逸梵顽强的意志、勇敢的精神和不服输的性格。在她看来，命运掌握在自己手中，她要努力地绽放！所以，当黄逸梵说出"离婚"两个字的时候，基本上没有了回旋的余地。

第二章 带刺玫瑰始绽放

对于离婚,张廷重还在歇斯底里地反抗,但是面对一位曾经把阿尔卑斯山踩在脚下的女人,他的反抗似乎有点以卵击石的味道。他的任性和胡作非为早已深深地伤害了黄逸梵;他的出尔反尔早已慢慢地消磨了黄逸梵的信任;他切断经济来源的绝情早已彻彻底底地寒了黄逸梵的心,他用什么去挽留这段婚姻、这个女人?黄逸梵不再和张廷重周旋,也不愿在他身上多费口舌,她聘请了一位外国律师,委托他全权代理离婚事宜。张廷重像只无头苍蝇般,满屋子乱转,他的内心无比慌乱,他不想失去黄逸梵,可是他又驾驭不了她,他找不到合适的方法来拯救婚姻,也找不到合适的理由来劝说黄逸梵收回离婚的要求。他不愿意在离婚协议上签字,只是绕着房间一圈一圈地走着,似乎想要走出困境。律师实在不忍强迫这个有点失去理智、悲伤过度的男人签字,他征求黄逸梵的意见,看是否再考虑考虑?然而,困兽之斗,怎能有好的结果?黄逸梵只淡淡地回了一句:"我的心已经像一块木头了。"张廷重闻听此言,想起了几年前她离家出走时的决绝,知道再纠缠下去也不会有任何结果,他忍着愤怒,也忍着不舍,在离婚协议上签了字。

童年的遭遇的确会影响人成年后的性格。张廷重小时候,经常被母亲要求穿着颜色鲜亮的衣服,穿着过时的鞋子,他走在路上总是低着头贴着墙角,怪异的打扮让他羞于见人，可是他又不能违抗母亲。母亲养成了他"衣来伸手饭来张口"的习惯，却来不及教他为人处世的道理。这些经历印刻在张廷重脑海里，促使他形成了优柔寡断、忧郁中带着无奈的性格。他总给人一种温顺的感觉，什么事都不会与人争抢，但在与黄逸梵相处的过程中、在她第一次离家和她提出离婚的时候，张廷重却表现得相当粗鲁。张廷重这样做，也许并不是真的想伤害黄逸梵，也许他只是懊恼自己，什么都做不好，总是得不到黄逸梵的肯定。在他心里，其实非常爱黄逸梵，他把内心的恐惧用吼叫和咆哮的方式表现出来，只是想证明他也能做得足够好，希望得到黄逸梵对他的认可。但是每一次尝试，他都以失败告终，他只能用那些恶习麻醉自己。从这一点来说，张廷重是可怜的，他掌握不了自己的童年，也掌握不了自己的婚姻，他实在找不到生活的突破口，他把自己的生活搞得一团糟。

　　黄逸梵应该也了解张廷重的苦衷，第一次出国前，她与张廷重相伴了九年多，并且生育了一双儿女。九年，不是一个短暂的时间，她用九年的青春等待张廷重成长，只可惜张廷重没有跟上她的脚步。张廷重守在陈旧的思想里，不知道他是懒于改变？还是害怕改变？总之，他错过了黄逸梵给他的机会。1928年，黄逸梵在张廷重的央求下回国，不能不说，她还是想试着给张廷重一次机会，在外漂泊了四年的时间，黄逸梵变得更加勇敢，她经历了许多事，也遇到了很多人，眼界和格局都有所提升。或许，在她心里，是希望张廷重变好的，她也希望有个完整的家；或许，她还是认可张廷重的，在离开的时间里，她看清了自己的心；或许，看在孩子们的面上，她希望给双方一次重新来过的机会。不论是哪种情况，黄逸梵都遵从了自己的内心，回国与张廷重重归于好。然而世事难料，在她离开的四年左右的时间里，张廷重没有丝毫悔过和长进，这个像朽木般的男人，妄图用金钱困住她的脚步，这激怒了黄逸梵，不管自己是否还爱着他，都必须离开他了，否则她以后的生活将是一片黯淡。黄逸梵在离婚后曾对张爱玲说过："不要怨恨你的父亲。"但她没有细说缘由。

十岁的张爱玲还没来得及享受上学的快乐，就听到了父母离婚的消息。不知道一个十岁的孩子对离婚有着怎样的理解？大人们没有征求过她的意见，只是突兀地给了她一个结果。得知这个消息后，张爱玲表现出超乎年龄的冷静，她虽然因此心情低落，毕竟那个她曾在信里描述了三页的、带给她喜悦的家已经破碎，但她并没有号啕大哭或是央求父母，她总觉得，从此耳根清净，再不用躲在门外呆呆地听父母争吵。两个性格不同、追求不同、思想观念不同的人，在婚姻里互相折磨，互相伤害，互相指责和压制对方，到头来不仅两败俱伤,还伤害了无辜的孩子。

在孩子的抚养权问题上,黄逸梵做了让步,离婚后两个孩子都随着张廷重生活。可能是她考虑到自己没有经济来源,怕影响孩子的前途,也可能是她知道离婚带给张廷重的伤害,不愿意在他的伤口上撒盐。不过,她还是提出了附加条件,除了她,任何人都不能决定张爱玲的受教育方式。黄逸梵这样做,是因为她深知张廷重有根深蒂固的"男尊女卑"的思想,她好不容易才把张爱玲送进学校,绝不能因为离婚的事情,再让张爱玲失去上学的机会,护女之心昭然若见。张爱玲是幸运的,母亲凭着全力维护她的受教育权,这也为她保全了一条相对平坦的求学之路。弟弟张子静就不同了,母亲无暇顾及他,父亲又极力反对他上学,只为他在家中请了私塾先生,以至于他很晚才接受正规的学校教育。

黄逸梵彻底从婚姻中解脱出来,她搬出了精心布置的洋房,找了一幢公寓容身。张茂渊本来随着哥哥一处住,可是她实在看不惯哥哥自甘堕落的生活,兄妹俩的矛盾一日多过一日,不久之后她也搬到了黄逸梵的公寓里。黄逸梵与张茂渊,一个是嫂嫂,一个是小姑子,在中国历史上,发生过很多嫂嫂与小姑子不睦的故事,可是这两个女人却是个例外,她们相处非常融洽,并且合起来与张廷重抗争。此刻,黄逸梵从名义上来说,已然不再是张茂渊的嫂嫂,但她还是接纳

第二章 带刺玫瑰始绽放

了张茂渊,毕竟她俩曾一起游学欧洲,建立起姑嫂之外的感情。而且她们两个都崇尚新思想,志趣相投。新家是一幢西式的公寓,满屋子的色调明亮柔和,墙壁贴满了瓷砖,客厅摆着精巧的桌子,浴室里装着洁白的浴盆,厨房里摆着精致的厨具。黄逸梵和张茂渊开始享受自由的单身生活,她们为自己购置了汽车,聘请了专职的司机,雇用了一名法国厨师,每天早晨,清香的烤面包味飘满整间公寓。

没有爱人的家,就是一座空壳,冰冷而空虚。黄逸梵搬走后不久,张廷重带着儿女也搬离了他们共同生活的地方,搬到了离张爱玲的舅舅家和黄逸梵的公寓不远的地方,他与黄逸梵关系紧张,却与小舅子黄定柱感情很好。他这样选择,也许有不甘心的念头,或许想通过黄定柱改变些什么,毕竟黄逸梵是黄定柱的姐姐,黄逸梵有什么事,一定会与黄定柱联系。这个看似高傲、实则卑微的男人,放下身段跟在前妻身后,只为能闻得她一丝一毫的讯息。不管张廷重能不能如愿,张爱玲的生活倒是丰富了一些,她可以去舅舅家找表姐弟玩,也可以去姑姑和母亲那里小坐。

1931年,张爱玲升入上海圣玛利亚女校,这是一所贵族教会女学校,以英文教学为主,教学的目的是为了把这些女学生培养成为西方标准式的淑女。只有类似张爱玲这样有着显赫家世的女孩才可以来这里上学。张爱玲从黄氏小学毕业后就来到这里，并寄宿在学校里。父母离婚的事情让张爱玲郁郁寡欢，她整天安静地躲在角落里，不参加活动，也不认真听课，大部分时间都用来读书。突然有一天，母亲专程来学校找张爱玲，轻描淡写地说她将再次出国，这一次准备去法国。母女俩面对面站在校园里，都极力隐藏着自己内心的波动，像陌生人一样互相客套着。爱玲觉察到母亲眼底那一抹微小的失落，但她忍了忍，没有表现出对母亲的依依惜别之情。爱玲呆呆地站在校园里，隔着两旁高大的松杉树，目送着母亲瘦削的身影，当红色的铁门慢慢合拢，再也看不见母亲的背影时，爱玲才感觉到心底的悲伤，那一刻，眼泪止不住流了出来，她索性放开声，在瑟瑟的风中号啕大哭了起来。她的眼泪，母亲没有看到。

张爱玲深知，再多的眼泪也留不住母亲的脚步。她从母亲的身上，学会了坚强。在后来的岁月里，张爱玲习惯性地隐藏自己的感情，她不是没有感觉，只是看透了人生的真相，不想用感情去绑架别人。母亲走后，把她心底残存的那点母亲的温暖也一并带走了，她能感受到自己的孤独，也感受到孤独里的无助，她的内心像是跌落水中不会游泳的人一般，在感情的漩涡里苦苦挣扎，但她的外表，却保持着严肃的冷静。她知道，即使剥开了伤口给别人看，也得不到想要的结果，还不如独舔伤口。每当周末回家，张爱玲都会去找父亲谈谈文学，聊聊天。她喜欢这样的时刻，最起码父亲是开心的。父亲的屋子里聚集了更浓烈的鸦片烟的味道，从那些烟雾里，张爱玲读出了父亲内心的孤独和荒凉。

苦难是天才的摇篮。一位才女的出世，历经了万般苦楚。父母离婚，母亲远游，在张爱玲看来，这已然是致命的打击，可她没有想到，老天给了她更大的考验。1934年夏天的一个周末，她照例到公寓去探望姑姑，却听到一个让她震惊不已的消息：她的父亲准备迎娶别的女人。张爱玲起身倚在阳台上，内心里像巨浪般翻滚，她甚至想，如果此刻那个女人就在自己身旁，她一定会毫不犹豫地奋力把她推下去！在她心里，母亲只有一个，那就是远在法国的黄逸梵，别人无权抢夺这个位置。然而，张廷重怎么可能让女儿来决定他的幸福呢？张爱玲的反抗显得那么渺小，那个叫孙用蕃的女人，披着洁白的婚纱嫁入了张家，成为张爱玲和张子静的继母。

说起孙用蕃，也是大有来历的一个人。她的父亲孙宝琦曾任北洋政府国务总理，他育有二十四个儿女，孙用蕃在女儿里排行老七。孙宝琦教子有方，二十四个子女个个人品端正，许多贵族子弟争相上门提亲，能与孙宝琦做亲家的，都是袁世凯、盛宣怀这等了不起的人物。孙用蕃也是当时上海颇有名气的交际花之一，那么，孙宝琦为何能同意张廷重做女婿呢？其实也是机缘巧合。一方面，孙用蕃有着不平凡的情感经历。她曾和一位表哥山盟海誓，遭到两家反对，于是他们商量不能同生也要同死，相约一起吞鸦片结束生命，谁曾想，孙用蕃毫不犹豫地吞了下去，表哥却后悔了。被抢救过来的孙用蕃心灰意冷，对爱情失去信任，渐渐染上了吸食鸦片的恶习。另一方面，二十世纪三十年代初期，上海的房地产兴起，随着房产的增值，张廷重也身价倍增，一些亲戚知道他曾做过英文秘书，为了拉拢关系，为他介绍了一份做银行买办助理的新工作。巧的是，这位买办正好是孙用蕃同父异母的哥哥孙用时。孙用时了解了张廷重的婚姻情况后，便为孙用蕃牵了线，没想到两个人一见钟情，于是定下来这门亲事。

张廷重在婚后才知道孙用蕃也在抽鸦片，但这已经不重要了，重要的是，张家又有了女主人。孙用蕃持家确实很有方法，为了显示她对孩子们的关爱，她把自己在娘家穿过的旧衣服全部打包带到了张家，作为给张爱玲的见面礼。张爱玲并不喜欢这些衣服，但却无法违拗继母的心意，毕竟现在的张家，是继母说了算的。令她最难堪的是一件暗红色的旗袍，爱玲把它形容成碎牛肉一般的颜色。圣玛利亚女校是一所贵族学校，所有的人都穿着款式新颖、质地上乘的衣服，唯有张爱玲经常穿着这样一件暗红色的旧旗袍。这件旗袍让张爱玲感到羞耻,让她觉得无地自容,她总是默默地躲开人群,不想与别人交往。少女的心,张廷重和孙用蕃如何能得知?他们不知道,学校里的张爱玲,生活邋遢,心情沮丧,一天挨着一天地熬日子。

初为新娘的孙用蕃则别有一番气势,她借着为张廷重庆贺四十岁生日的机会,要求举家迁往张家苏州河畔的老宅子,张廷重自然什么都听孙用蕃的。更何况,这座宅子里,有他太多的回忆,母亲李菊耦在这里生活过,前妻黄逸梵在这里做了他的新娘。睡在他们初婚的卧室,午夜梦回时,不知道张廷重会不会思念远赴法国的黄逸梵?初为继母的孙用蕃还是比较收敛的,她会抽空关心张爱玲的学习和张子静的生活,与他们说说话,聊聊天,尽到了一位母亲的本分。可是渐渐地,生活中的摩擦开始显现。继母先是借故不让张爱玲早上在家练钢琴,后来又唆使张廷重换掉了许多张家的老用人,再后来,爱玲看到父亲因为弟弟说了几句赌气的话就在饭桌上毫不留情地抽了他一个耳光。爱玲终于忍不住,躲在碗后面,眼泪吧嗒吧嗒地流出来。可是继母居然若无其事地笑着说出"打的又不是你,你哭什么"的话。那种冷漠的表情刺痛了张爱玲的心,她心里默念着:我要报仇!我一定要报仇!可是转瞬间,她看到弟弟在阳台上踢起了足球,像什么都没有发生过一样。如果不是习惯了被虐待,如果不是万般无奈，他不会有这样的表现。张爱玲心疼弟弟，却又为他的满不在乎感到悲哀。可是，张子静又能怎样？父亲依着继母，对他呼来喝去，非打即骂；母亲那里又不肯收留他，他总得学会在屈辱中求生吧？

张爱玲倔强的性子与继母孙用蕃的约束格格不入，矛盾一点一点升级，张廷重一味护着孙用蕃的态度也让张爱玲感到失望。张爱玲一边抗争，一边隐忍，她在等待一个机会，一个离开继母、离开张家的机会。

第三章 清纯雏菊迎风霜

每到深秋的季节，小野菊漫山遍野地开放，它们无视天气阴晴，无视高山原野，无视狂风暴雨，一朵朵黄色的小花高昂着头，迎着阳光，竞相开放。因为，它们总是挨挨挤挤地聚在一起，有福同享，有难同当。被风霜洗礼过的雏菊，涤荡了内心的不安和恐惧，留下了坚强和理智，她不惧气候的恶劣，更懂风和日丽的珍贵。因为，她并不孤独，放眼四周，有许多亲人与她一道前行。

结草衔环难报恩

漆黑的暗夜，总要有一盏明灯才好前行。张茂渊便是漫漫长夜里为张爱玲指路的那盏灯。而张茂渊本人也是独具传奇的人。

1924年，张茂渊与嫂嫂黄逸梵一同出国留学，留学的生活多姿多彩，让这位生在没落豪门、却又永不认输的女人越发独立和坚强。她学成便急急回国，把嫂嫂一个人留在异国他乡，只因为她心有所属，一位名为李开第的人让她情窦初开、魂牵梦绕。

李开第，是张茂渊在去往英国的轮船上认识的，当时她和嫂嫂黄逸梵两人晕船呕吐，十分狼狈，恰逢同为上海人的老乡李开第，李开第一边照顾她们，一边教她们一些防止晕船的方法，一边聊着各自的趣事。时间在不知不觉间过去，在彼此的闲谈中，张茂渊了解到李开第这次是去英国曼彻斯特大学读研究生。面对眼前温文儒雅又年龄相仿的才俊

第三章 清纯雏菊迎风霜

青年,张茂渊发现自己坠入了爱河,她的爱就如同船舱外涛涛的海水,连绵不绝。李开第在与姑嫂两人的接触中,也慢慢对张茂渊心生好感,他们在一处读诗,讨论文学,李开第还送了张茂渊一件淡红色的披肩,以表达他对张茂渊的爱慕之意。

人生总是充满了意外,张茂渊把一颗真心给了李开第,却未能收获爱情和婚姻。当她急切地赶回中国,却得知李开第早已听从父母的安排,与一位名叫夏毓智的女人有了婚约。张茂渊毕竟是大家闺秀,且在国外接触了多年的新思想,她果断地隐藏起自己的感情,与李开第夫妇成了好朋友。不知是否因为感情的打击,还是张茂渊天生如此,她对任何人都保持着严谨的态度,从不多言,也不嬉笑。从此之后,张茂渊再没有如此痴情地爱过别人,她把对李开第的爱完整地保留了一生。1965年,李开第的发妻夏毓智去世,她非常感谢张茂渊对她和李开第感情的成全,留言希望在自己去世后能由张茂渊代替她照顾李开第。在"文化大革命"期间,李开第被打成右派,张茂渊不离不弃,始终守护在他的身边。1979年李开第被平反,李开第的女儿李斌见证了这两位老人的真挚感情,极力撮合他们,使得他们在78岁高龄时,完成了此生结为连理的夙愿,岁月终是没有辜负有情人,他们终于执子之手,相伴终老。

就是这样一个传奇的女人,在张爱玲孤独无助时,给了她无数的关怀和温暖。1932年,黄逸梵第二次出国,把张爱玲和张子静这一对儿女留给了张廷重,同时她又委托孩子的姑姑张茂渊代为看护,生怕两个孩子在继母孙用蕃的手里受了委屈。姑姑极尽所能帮着照看,有一年假期,姐弟俩感冒发烧,情况比较严重,当张茂渊得到这个消息时,紧张地请了外国专业医生,并陪同医生亲自到哥哥家里给两个孩子看病。姑姑的一番心意,张爱玲已经能够体会。

随着黄逸梵与张廷重离婚,张茂渊也搬出了张家,与嫂嫂住在一处公寓里。此时,张茂渊还在怡和洋行上班,有着能够维持家用的收入,但是她忽然想起母亲过世前寄存的家产,那个时候哥哥和自己还没有成年,分财产的事情就耽搁下来,所有的财产都让同父异母的哥哥张志潜管着。于是,张茂渊联系哥哥张廷重想把属于他们的财产要回来。房产那些母亲是早已分配好了的,只是有一批书籍母亲没有特别说明,可能母亲也没有想到,多年以后这批书籍会价值不菲。张志潜当然想钻空子独自占有这批书籍,可是性格刚烈的张茂渊怎么可能答应他?张茂渊和哥哥张廷重联合起来,与张志潜打起了官司。他们兄妹俩搜集了很多有利的证据,眼看着官司能够打赢,张志潜那边的律师却出了一个"离间计",他看出了张茂渊的坚定,也看出了张廷重的犹豫,所以张志潜的律师就从中作梗,让张志潜先去用钱拉拢张廷重,并让孙用蕃帮忙说情,这样张廷重就能放弃对这批书籍的争夺,只剩下张茂渊一个人坚持,遂没有胜算的可能。张志潜按照律师教的方法做了,孙用蕃见有利可图,又想搞好与张志潜一家的关系,自然不停地劝说张廷重,张廷重原本就不喜欢与人争抢,果然半路倒戈。

张茂渊孤立无援,输了官司,她当然把所有的怨气都撒在张廷重身上。她对这个终日只知道抽大烟、任凭孙用蕃摆布的哥哥实在是失望之极,慢慢地与哥哥疏远了起来。这可难为了张爱玲,她喜欢抽空去姑姑和母亲的公寓待着,现在姑姑和父亲闹僵了,她不得不小心翼翼地在他们之间生活。

令人开心的是,母亲从国外赶了回来,那一年是1936年,张爱玲16岁,她即将从圣玛利亚女校毕业,面临着毕业后去哪里上学的问题。

母亲总是在张爱玲人生的关键时刻出现,不得不说,母亲是深爱张爱玲的,她虽然人在天涯,但依然牵挂着自己的子女,特别是在教育方面。

张爱玲自小对母亲和姑姑的事情耳濡目染,骨子里自然有一脉相承的精神,她给自己的人生做了规划,希望像姑姑那样,中学毕业后就去国外留学,但是这样的要求被张廷重拒绝了。黄逸梵带给他的耻辱就是源自对新思想的追求,源自她能够远走高飞，黄逸梵对他的伤害已经深深刻在骨髓里，就算是赌气，他也不能再让女儿走前妻的老路。退一步讲，他痛恨黄逸梵的绝情，他总觉得是出国留学让黄逸梵有了离婚的胆子，如果当年不让她出国，也许就不会有离婚这回事了。

张爱玲心里很失望，当黄逸梵得知这个消息时，她委托别人去向张廷重求情，希望能给女儿争取出国留学的机会。但是却遭到了继母孙用蕃的嘲讽："你母亲离婚了还要干涉这个家里的事！既然放心不下这里，她为什么不回来呢？可惜晚了一步，回来只好做姨太太！"

继母冷嘲热讽的神情印刻在张爱玲脑海中，她敢怒而不敢言，在这个家中自保的方法，就是尽量保持少言寡语，因为不知道哪一句话不合适，就会给自己惹来不必要的麻烦。

家里乱，国家也乱。战火蔓延，八一三事变爆发，张家老宅离战火不远，日夜都裹挟在震耳欲聋的炮火声中。张爱玲是铁了心一般要出国留学，家里的气氛实在太压抑，又临近毕业考试，她想找一个安静的地方学习和休息。恼人的战争搅扰得张爱玲无法安睡，母亲的公寓离战火远一点，建议她暂时搬过来住。张爱玲照例去征求父亲的意见，没想到父亲痛快地答应了。

张爱玲便与母亲住了一段时间，等到考试结束后，她兴

第三章 清纯雏菊迎风霜

冲冲地回到了张宅,不曾想到,继母孙用蕃阴阳怪调地说:"这段时间去哪里了?为什么不和我打招呼?""我和父亲说过了。"张爱玲顺嘴说了一句。"和你父亲说了就行了?你眼里还有没有我这个母亲?"孙用蕃一边吼着,一边甩手给了张爱玲两个巴掌。

张爱玲下意识地摸着脸颊,感到了火辣辣地疼,她缓了几分钟,从小到大,她哪里受过这样的屈辱?张爱玲本能地扑过去,想要还击,可是被一旁的用人拦了下来。再怎么说,孙用蕃也是她的母亲,用人们自然懂得孝顺父母的道理,不能让她失了礼数。

人们能够和平相处,是因为没有利害纠纷。如今,孙用蕃的巴掌打破了这种表面的平和,她看到了张爱玲羽翼渐丰,也看出了张爱玲对她的不满,如果今天不好好治治张爱玲,恐怕日后会更加无法无天。孙用蕃掩面哭泣,一路哭喊着向楼上走去,一边走,一边喊:"她打我!她打我!"张廷重闻声而来,不问青红皂白,就对张爱玲拳打脚踢。张爱玲被张廷重打得东倒西歪,面无表情,但她记住了母亲说的话,不管父亲怎么对她,都不要还手,再怎么过分,张廷重都是她的父亲,这点无可置疑。孙用蕃冷冷地站在一旁,似乎在看一场毫不相干的热闹,用人们实在看不过去了,奋力拉开了张廷重。张爱玲被解救出来,可是她心有不甘,扬言要去警局告发她的父母,谁知没走两步,暴怒的父亲就冲她投过去一个花瓶。她没有走出张家大门,反而自此被父亲和继母软禁了起来,不许她和任何人接触,也不许她外出。

姑姑张茂渊和舅舅黄定柱听到这个消息,急匆匆赶到了张家。因为分财产打官司的事情,张茂渊是发誓不愿与张廷重来往的,可是现在,为了侄女张爱玲,她不得不再一次踏进张家大门,为侄女讨一个说法。她指着张廷重问,张爱玲不是他的私有财产,他怎么可以这样对待她?可惜,愤怒的张廷重早已失去理智,加上孙用蕃的挑唆,还没等张茂渊说完,张廷重就把一杆烟枪扔了过去,不仅打伤了张茂渊的额头,还把她的眼镜打碎了。舅舅黄定柱一看形势不妙,赶紧劝张茂渊先去医院,临出门,张茂渊丢下一句:"我再也不会登你们家的门了。"的确,从此之后,张茂渊果真再没有和张廷重有任何来往。

张茂渊去医院缝合了伤口,脸上留下了一道不甚美观的疤痕。这道疤痕,阻断了今生的兄妹情谊,昭示了豪门里的不幸。张爱玲把姑姑为她做的一切都记在心里,她很感激张茂渊。半年后,张爱玲借机逃出了张家老宅,与母亲和姑姑生活。本来她想去伦敦大学读书,可惜时局动荡,战事不断,无法成行,她只好改去香港大学读书。1939年,姑姑委托在香港工作的李开第为其监护人,照顾张爱玲在香港读大学期间的生活。忍着自己的感情，却又为了侄女的生活委身求人，张茂渊是真心爱护张爱玲这个侄女。

战争摧毁了生活，生活处于不断地动荡中。就在张爱玲去香港大学读书不久，黄逸梵和张茂渊因为经济原因，从原来的公寓搬了出来，搬到一个什么都需要亲力亲为的公寓。在这期间，母亲黄逸梵接到了男朋友死亡的消息，又一次动身出国。1942年，香港战火蔓延，张爱玲在硝烟弥漫中得知无法毕业的消息后，便做了先回上海的决定。

上海，已然不是她当初生活的样子，战争摧毁了很多人的梦想，也剥夺了很多人赖以生存的工作。姑姑张茂渊便是其中的一个，她丢掉了怡和洋行的工作，好在她是一个很有见识的人，虽然丢掉了一份不错的工作，但她人脉广阔，又颇具才能，又先后做起播报新闻和翻译的工作。张茂渊便以这些微薄的工资，支撑着张爱玲初回上海后两个人的生活，直到张爱玲的作品轰动上海，她们的生活才有了改观。张爱玲与母亲的缘分浅薄，却与姑姑张茂渊过了长达十年相依为命的生活。张茂渊像妈妈一样照顾了张爱玲十年，张爱玲把这份深情藏在心中。终于，尔后78岁高龄的张茂渊与初恋情人李开第结为连理，此时的张爱玲已经赴美多年，她闻知这个消息后，还常给姑姑张茂渊寄钱，以报答姑姑当年的陪伴、照顾之恩。

1952年,张爱玲的毅然别离,成为她们今生的最后一次见面。多年以后听到姑姑结婚、生活困难的消息,张爱玲亦有果断出手相助。张爱玲的情,从不在嘴上悬挂,也从不对别人的议论做任何解释,她若是爱一个人,必然深爱;若是恨一个人,必然深恨;从不做模棱两可的姿态。

潇潇寡然父与女

父亲张廷重,便是那个让张爱玲深恨过的人。

张廷重其实是一个颇有文学底蕴的人,这得益于当年李菊耦对教育的重视,早早地为他们请了私塾先生。张廷重对自己的文学才能颇为满意,也让他对私塾这样的教育方式特别青睐。在黄逸梵出国后,张廷重就为张爱玲和张子静请来了私塾先生。私塾先生,仿佛是人生的指路明灯一般,让人们升起无数的遐想和敬意。要想学业有成,一定要尊重先生,尊重知识。张爱玲和张子静在这样的教导下,严肃认真地向先生行了跪拜大礼,从此姐弟俩便随着这位年长的先生学起了《论语》。张廷重在教育这件事情上,其实是有偏见的。他眼看着妻子黄逸梵抛家弃子,和张茂渊一同出国留学,想不出丝毫办法挽留。在他心里,总觉得是西方的教育在作祟,否则一个小脚女人怎么会有那么大的决心,说走就走了呢?在子女身上,他自然不能冒这个险,他似乎想要向黄逸梵证明，传统的私塾教育，一样不会比学校教育差。可惜好景不长，没过多久，私塾先生就离开了张家。

没有了私塾先生，张廷重便自己教起了姐弟俩。兴致浓的时候，便会讲得多一些。张廷重渐渐发现，张爱玲很有写作天赋，这让他很是得意！于是张廷重将张爱玲带到自己的书房，让她在这里饱读诗书，同时还鼓励她写诗。张廷重的书房，成为张爱玲小时候最喜欢的地方，书架上的《西游记》《红楼梦》等书籍，总是能吸引张爱玲的眼球。张爱玲在父亲的指导下，写过三首七绝诗，其中一首《咏夏雨》这样写道："声如羯鼓催花发，带雨莲开第一枝。"张爱玲对此极为满意，可惜她没有坚持写下去。

在母亲黄逸梵出国留学的几年中，张爱玲最喜欢做的事，就是躲在父亲的书房里看书，有时候写写画画，父亲有空时便会从旁指点，父女俩宛如两个知己，谈论着文学。在张爱玲的记忆中，父亲的书房总透着黄昏的味道，虽然也有余晖，却总感觉暮气沉沉。她时而留恋，时而害怕，她总担心就连这种黄昏的味道都一并失去。担心的事情最终还是发生了，父亲把姨太太接回了家，从此家里充满了鸦片的烟雾，剥夺了张爱玲在书房与父亲同处的时光，也剥夺了她仅有的乐趣。

不管怎么说，父亲还是在断断续续中引领张爱玲读完了《三国演义》，那个时候，张爱玲还不满八岁。在这一点上，张廷重还是称职的，他为子女打下了厚实的古典文学基础，为张爱玲之后的写作人生夯实了地基。从这些著作里，从那些字里行间，张爱玲慢慢读懂了古典文学之美，读懂了人情世故，也读懂了父亲书房里的万般无奈和孤寂！

1934年，年仅14岁的张爱玲居然仿照《红楼梦》的手法写了一本《摩登红楼梦》，将上海滩写成了热热闹闹的大观园，人物性格鲜明，诗词歌赋极为相似，令张廷重都大开眼界，直拍掌称好，并为其拟了六个回目：

第一回　沧桑变幻宝黛住层楼　鸡犬升仙贾琏膺景命

第二回　弭讼端覆雨翻云　赛时装嗔惊咤燕

第三回　收放心浪子别闺闱　假虔诚情郎参教典

第四回　萍梗天涯有情成眷属　凄凉泉路同命作鸳鸯

第五回　音问浮沉良朋空洒泪　波光骀荡情侣共嬉春

第六回　陷阱设康衢娇娃蹈险　骊歌惊别梦游子伤怀

人之初性本善，此时的张廷重虽然一身恶习，也遭遇了被妻子抛弃的命运，但他至少还有爱子之心，对待子女还算尽职尽责，尤其在教育方面，比不过正规的学校教育，却也没有因此疏忽。张爱玲此时，也是喜欢与父亲待在一处聊天的，尽管她不喜欢父亲屋子里浓浓的鸦片烟的味道，但她还是喜欢与父亲讨论她的读书心得。在缺少母爱的日子里，这种微妙的父女感情让张爱玲稍感宽慰。

可是，随着父母婚姻的破裂，父亲的怨气越来越重，脾气也越来越暴躁。加上母亲违逆父亲的意愿，强硬地把张爱玲送到了学校读书，父亲对张爱玲的态度总是忽冷忽热，这种情况在父亲娶了继母孙用蕃之后变本加厉地表现了出来。中学毕业那年，张爱玲怯怯地和父亲提出，想要去伦敦大学留学，遭到了父亲的极力反对。其实，张廷重并不是吝惜钱财，只是黄逸梵始终是他心中的一块伤疤，一旦听说与出国留学有关的信息，他便会想到那个抛下他远赴欧洲的前妻。后来张爱玲与继母闹翻，再次激怒张廷重，甚至被他们囚禁了起来。继母有意无意地挑唆，装模作样的一句"她打我，她打我"让父亲不问青红皂白地暴打了张爱玲，甚至因此打伤了前来求情的张茂渊。如果不是用人何干拼死护住张爱玲，极力劝阻张廷重，张爱玲真的有可能被失去理智的张廷重打死。之后，张廷重把张爱玲囚禁在空房子里，除了送饭的何干，不许任何人与她接触。

一个十几岁的孩子，经历了母亲弃她而去的茫然，经历了父亲再婚的打击，如今，又因为继母的原因被父亲痛打，更为离谱的是，父亲居然把自己囚禁了起来。张爱玲在冰冷黑暗的夜晚，抱着自己战栗的身体，无法掩饰内心的恐惧和不安。她隐约感到，自己的人生就如同漆黑的暗夜，找不到方向，也毫无希望，她多么急切地想要离开这个家，离开这个比地狱还可怕的地方啊！但她毫无办法，门外守着警卫，大家对她的看护丝毫都不放松。被囚禁的时间久了，张爱玲反而安静了下来，她冷静地思考着，如果想活着出去，必须先照顾好自己。自此，她开始认真地吃每顿饭，并抽空起身活动活动筋骨。张爱玲很清楚，即使想逃跑，也得有强健的体魄和足够的体力。

张爱玲无时无刻不在搜寻逃跑的方法，可能是她表现得过于明显，被何干发现了苗头。在她呱呱坠地时，何干便开始照顾她，可以说，何干把她当作自己的亲闺女看待。在何干发现她有逃跑的想法时，便严厉地警告张爱玲，千万不要意气用事，如果一时冲动离开这里，将永远回不来了。这么多年的老用人，何干是何等精明啊！她懂得在张家，张廷重说了是不算的，继母孙用蕃才是当家做主的人，一旦张爱玲逃出去了，孙用蕃是绝对不会给她重新回来的机会。然而，失去自由的张爱玲哪里顾得了这么多？她只想着能够逃出这里，再作打算。

恐惧、失望、害怕、孤独和怨恨，这些萦绕在张爱玲心间的情绪终于把她打倒了：突然有一天，张爱玲得了严重的痢疾。何干照顾了她几天，不见有任何起色，反而变得越发严重。无奈之余，何干悄悄地找到张廷重，希望他能看在父女情面上网开一面,救救张爱玲。不管张廷重在囚禁张爱玲时是多么残忍,事后冷静下来,他也意识到自己做得有些过分了,更何况他只是想吓唬吓唬这个性格执拗、不把他放在眼里的女儿,并不是真的想要她的命。所以张廷重瞒着孙用蕃,偷偷地给张爱玲注射了消炎药。张爱玲在所有的作品中,都没有提到父亲救他的细节,可能是她无法释怀吧,毕竟被自己的父亲暴打、关押,实在是一件让人难以接受的事情。何干精心地做着各种饭菜,为张爱玲增加营养,慢慢地,张爱玲的身体康复了起来,她又有力气下床活动了。不过,这一次重病反而更坚定她出逃的决心。

张爱玲变得越发安静,她每天都任由何干的安排,让她吃便吃,让她睡便睡,让她聊天便说几句话。在大家都放松警惕的时候,张爱玲和何干聊的话题多了起来,这让她有机会探听到由于她生病的缘故,两个警卫现在是同时吃饭的,在他们吃饭时,是没有人看守的。张爱玲得知这个消息时,内心无比激动,但她善于隐藏的习惯,让她把喜悦藏在了心里,她精心地计划该如何逃跑。她大病初愈,经不起寒凉,如今是深冬天气,她担心自己再次病倒,所以以夜晚温度低为借口,让何干帮她找来了大衣。又以太闷为借口,想看看外面的景色,让何干给她带了个望远镜过来。何干看着张爱玲每天都乐乐呵呵地和她谈话,以为她被自己劝说成功了,

第三章 清纯雏菊迎风霜

不再想着逃跑的事情，也对她放松了警惕。

万事俱备只欠东风。张爱玲跑出去，能到哪里呢？母亲和姑姑愿意收留自己吗？在安静的令人害怕的房子里，张爱玲不是没有考虑过这个问题，她不知道谁能够拯救她。幸好母亲偷偷地让人捎了口信过来，如果她选择与母亲一同生活，那就等于放弃有人伺候的阔小姐生活，从此之后，一切都得靠自己。如果她想清楚了，就想办法逃出来吧。母亲看似冷酷的承诺，给了张爱玲莫大的勇气，终于在一个冬夜里，乘着警卫和用人吃饭的功夫，张爱玲用望远镜观察了周围的环境，在确定没有人在四周看守后，一溜烟地跑到了大门口，抽出了门闩，出门之前，她还不忘把望远镜放在牛奶箱上面。

当深冬的寒冷穿过张爱玲因为紧张而变得煞白的脸，她突然打了一个寒噤，环视四周的点点星火，她疑惑地问着自己：难道这就逃出来了？是的，一切都那么真实，她被囚禁了半年之久，暗黑的天空里闪烁的星星和挂着的月亮，对她来说就是绝美的风景。张爱玲撒开腿跑了起来，她就像一个凯旋的斗士，每一步都踏出胜利的节奏！她决心逃离张宅，逃离这个带给她噩梦的地方，再不想回头。她一口气跑到停着的黄包车前面，与车夫讲起了价钱，在那样紧张的情形下，她居然还不忘记与人砍价，可见张爱玲对钱财的吝惜是确有其事。

　　张家宅子的确因此乱作了一团。张廷重自然是喜忧参半，如果不是张爱玲逃跑，他不知道该如何收场，难道真的要关她一辈子吗？继母孙用蕃则不同，她呵斥着所有不喜欢的人，趁机把自小照顾张爱玲的何干也开除了。何干年事已高，本想着可以靠着东家养老，谁曾想遇到了张爱玲这么倔强的孩子，她半是怜惜，半是忧愁。就在自己被开除之前，还偷偷地帮着张爱玲送出来很多曾经用过的东西。张爱玲已然自顾不暇，她除了对何干深深的感激和愧疚之外，也无法帮何干安排妥当的晚年生活。她在给何干送别时，心底涌起一种无助的悲哀，一定要赚足够的钱，才可以帮助那些自己在意的人。姐姐的逃离，像巨石落入大海一般，激起了千层浪花，张子静自然无法独善其身。张廷重和继母孙用蕃把对张爱玲的不满统统发泄在他的身上，万般无奈之余，张子静也有了投靠母亲的想法，可惜母亲碍于经济压力，断然拒绝了张子静的请求。张爱玲清晰地记得，当门被打开，她看到了瘦瘦高高的弟弟，拿着一双用报纸包着的球鞋，请求母亲留下他。在母亲拒绝后，张子静哭了起来，他黯然地转身，无助地离开了母亲的公寓。那一刹那，看着弟弟瘦削的背影，张爱玲鼻子一酸，也落下了眼泪。

　　母亲公寓的那一扇门，隔断了母子情，隔断了姐弟情，

第三章 清纯雏菊迎风霜

也隔断了父女情。张爱玲对父亲和继母的仇恨几近疯狂，她索性一不做二不休，把她这半年多来的遭遇用英文写了出来，并投稿在《大美晚报》上。张爱玲是故意的，那份报纸是父亲的必看之物，她是故意写给父亲看的。诚如张爱玲所料，张廷重果然看到了报纸上的文章，确实也发了大怒，他们父女之间的情分至此变得潇潇寡然，恍若路人。1941年，由于战争中断了学业，张爱玲从香港回到上海，想去读圣约翰大学，当时母亲在国外，不方便联系，姑姑又以微薄的工资勉强维持生计，她不知学费该从何筹集？所幸弟弟张子静帮她向父亲求了情。那一年，为了学费张爱玲最后一次踏入张家大门，与父亲见了一面，直至1953年父亲病逝，她再没去看过父亲。

浊世涤荡母女情

在中国的传统文化里,如果非要为一个女人的一生做一个注解,那一定不是事业,而是家庭和子女。不论多么清高能干的女子,垂垂暮年还是要回归家庭。对于黄逸梵这种自带三分清高和飘逸的女子,虽然在行动上颇能与西方思想接轨,但在骨子里,她还是割舍不下怀胎十月的亲情。黄逸梵对张廷重有彻底深入的了解,在张爱玲的上学问题上,如果没有她的支持,张廷重一定不会答应让张爱玲出国留学。为了让张爱玲能够接受更好的教育,她再次从国外归来,可是即将面对的困难,远比她想象中要大。

按照离婚协议,张廷重应该承担张爱玲的所有教育费用。可是当张爱玲小心翼翼地向张廷重提出了想去伦敦大学深造的想法时,却引来张廷重的暴怒和坚决拒绝。张爱玲看着每日躺在烟铺上挥霍的父亲和继母,心里涌起莫名的悲凉,站在这里乞求别人的施舍和成全,让她内心感到一阵阵

第三章 清纯雏菊迎风霜

刺痛。继母自然是不愿意为她花钱的,可是张廷重却不单单是吝啬钱,他不愿意让张爱玲步前妻黄逸梵的后尘,他希望女儿能够安分地待在自己身边。谁曾料到,不久之后张爱玲和继母孙用蕃起了冲突,张廷重在暴怒中打了张爱玲,并对她实施了囚禁。黄逸梵始料未及,这件事情打乱了她所有的计划,女儿张爱玲被其法定监护人囚禁,她作为前妻无权干预。纵使黄逸梵心中万分着急,她还是保持了惯有的理智。她不能登门营救,只得暗地里差人给女儿捎了口信,她让张爱玲自己做选择,要么留在那边继续当她的富家小姐,要么逃出来,与母亲一同过自食其力的生活。

母亲的话真实得近乎冰冷,但这却成了张爱玲活下去的勇气,毕竟,尚未成年的她还不具备独立生活的能力,如果没有人愿意接纳她,那么她只能乖乖地被囚禁在这间房子里,永无天日。下定决心逃跑的张爱玲在煎熬中找寻机会,终于在一个暗夜里成功逃出了差点摧毁她的信心、关押她半年之久的张家宅子。她很清楚,从此,再也回不去了;从此,再不会有与父亲书房对坐,谈论文学的机会了;从此,她只能与母亲和姑姑相依为命。

1937年,日本侵华战争全面爆发,亚洲、欧洲也战火遍布。生逢乱世,上海原本已经覆盖在战火之中,如今,张爱玲又经历了自己的人生之战,好在她在这场没有硝烟的战争中取得了胜利。母亲黄逸梵则没有那么幸运，她在第二次出国前把大部分古董委托给张茂渊保管，可是张茂渊为了帮助亲戚打官司，私自动用了这批古董。没有生活来源的黄逸梵养活自己本就已经捉襟见肘了，现在又添了张爱玲，经济压力确实很大。但黄逸梵从来没有向张爱玲解释过这些。她是个干脆爽快的女人，说话做事从不遮遮掩掩。所以，张爱玲初来投靠母亲时，黄逸梵便抛出了一个问题：她是选择早点嫁人还是选择读书？如果早点嫁人，就不必在学习上投资太多，省下的钱用来装点自己；如果读书，就只够学习的钱，没有多余的钱提高生活品质。张爱玲当然愿意继续读书了，她和母亲商定，要考取伦敦大学。目标便是人生的动力。在黄逸梵经济不是很充足的情况下，她还是以五美元一小时的高昂补课费为张爱玲聘请了一位补习老师。这是母亲的涓涓心意，她希望女儿能够接受最好的教育，成全她的人生。

　　母亲，带给张爱玲希望，也让她疲惫的心有了休憩的港湾。从父亲家逃出来不久，张爱玲就生了一场重病。一个刚满十六岁的孩子，承受了常人无法体会的恐惧和绝望，她依靠着仇恨顽强地活了下来，这些负面的情绪也吞噬着她的健康。在见着母亲的一刹那，张爱玲终于放下所有的防备，给了自己一个喘息的机会。这时候，她病倒了，得了比较严重的伤寒。母亲为她找了一位法国医生，在医生和母亲的精心

第三章 清纯雏菊迎风霜

照顾下,张爱玲的身体慢慢康复了起来。纵使黄逸梵没有像其他母亲那般的耐心,任劳任怨地照顾生病的孩子,她为了照顾张爱玲,也不得不周旋于医生和护士之间,赔着笑脸,希望他们能用最好的药、最好的服务让张爱玲快点好起来。张爱玲深切地感受到母亲对自己的关爱。

的确,在中国人传统的观念里,母亲,应该是子女最温暖的依靠。可是,在张爱玲的成长过程中,母亲黄逸梵的角色却并不完整,就像电影中的片段一般,她的存在是断断续续的。张爱玲四岁时,母亲撇下她和弟弟,第一次出国留学;张爱玲八岁时,母亲第一次回国;母亲与父亲离婚后第二次远赴欧洲;如今,张爱玲十六岁了,母亲第二次回国。那些残缺的时光里,埋藏了张爱玲多少的期盼和渴望?握在手里的幸福,是那么的真实和温暖,张爱玲很珍惜这个难得的母女朝夕相处的机缘。张爱玲曾经像一只金丝笼中的鸟,衣来伸手饭来张口,除了在和父亲、继母要钱的时候感到屈辱和尴尬,在生活的其他方面,她还算是一位富家小姐。现在,母亲为她创造了良好的学习条件,却无法同时给她提供优越的生活。在生活的检验中,张爱玲显得笨拙而迟钝:针线在她的手中如同千斤重锤,反反复复地练习后才勉强补好了一双袜子;水果刀似乎是个淘气的孩子,总是从苹果皮上滑过,不听使唤;曾经去过无数次的地方,总是期期艾艾地说不清楚路线；住过很久的房子，都不清楚门铃在哪里……黄逸梵看着眼前这个笨拙的女孩，真是又急又气。黄逸梵曾经扛着几箱古董游历欧洲，给世人一种坚强乐观、独立智慧的形象，但其中的艰辛苦楚只有她自己清楚，她深知孤身在外的不易。如果把眼前的女儿放到国外，她是否能够承受生活的磨难和风雨？多年的生活阅历告诉这位母亲：一定得狠狠地打磨一番张爱玲。

　　得不到的东西，才会让人觉得弥足珍贵，倍加珍惜。张爱玲自然希求这份难得的母爱。她听从母亲的安排，一边刻苦学习，一边按照母亲的要求，学习成为名门闺秀：走路要有模有样、端庄稳重；面部表情要和谐自然、轻松自信；和人相处要会察言观色、见机行事；生活要处处用心、学会生存。母亲还特别强调，如果不懂幽默，绝不要轻易说笑。她尝试着练习，对着镜子慢慢琢磨，但有些事是天生就驾轻就熟的，比如写作；有些事是天生就愚钝的，比如生活。尽管张爱玲非常努力，她极力地想要在母亲面前表现得出色，以得到母亲的认可，然而事与愿违，生活自理能力天生就弱的她，并没有如黄逸梵所愿，变成生活中的高手。黄昏来临，屋内掌灯，如果没有人叮嘱，她竟不晓得拉上窗帘；家中来客，如果椅子不够，她会到走廊的另一端去搬笨重的沙发椅，也不考虑客厅是否能放下；洗脏袜子，如果没有人告知,她都不知道肥皂怎么使用……母亲当然非常失望,她想把女儿塑造成八面玲珑的名媛,女儿却表现得如此糟糕,情急之余黄逸梵牢骚满腹,她嫌弃张爱玲什么都做不好。

也许是因为爱之深切,黄逸梵才会如此挑剔。在黄逸梵心里,她充分肯定张爱玲的才华,她知道女儿在文学、绘画方面的天赋,但她就是不能忍受女儿在生活方面的"低能"。有一次,她竟然毫不留情地说:"早知道如此,当初你得伤寒病的时候,就不该为你诊治,由着你自生自灭,省得受这样的罪,也省得拖累别人。"这兴许只是黄逸梵随口牢骚的话,也兴许只是她忧虑女儿未来的话,可是在张爱玲听来,却是极为刺耳且伤人感情的。她读不懂母亲刻薄话语里隐藏着的那颗焦灼的心,也读不懂母亲这么多年来被生活磨砺的伤痕,更读不懂母亲雍容华贵的外表下无力为女儿长久地遮风挡雨的无奈!因着不懂,所以每当母亲以这样的口吻说话,爱玲便以为母亲是嫌弃自己,嫌自己成了拖累,嫌自己妨碍了她的生活,嫌自己加重了她的经济负担。她总是觉得如果没有自己,母亲可能会生活得更好,这样的想法加重了她心底的自卑和敏感,可现实中她又无法离开母亲独立生活,这种内心的纠结,让她变得更加沉寂和不愿交际。

钱,成为横亘在母女之间的另外一个问题。那一箱箱的古董,原本是黄逸梵的衣食之源,不料张茂渊却私下里用去了不少。如今张爱玲身无分文地跑来投靠母亲，还要花去不菲的补课费，黄逸梵自然倍感压力。一开始，张爱玲享受着和母亲要零花钱的喜悦，在她心里，这是母爱的高贵，花母亲的钱也是理所应当的事，她可以从点点滴滴的钱里，感受到母亲的爱。回想从前在烟铺前与父亲要钱的尴尬与为难，她还是很感激母亲的慷慨。渐渐地，她发现母亲也多了焦躁和埋怨，她在向母亲伸手要钱的时候，经常激起母亲的脾气，随着脾气而来的，是尖酸的言语和令人窒息的氛围。张爱玲也理解母亲的困顿，她很感激母亲在没有经济来源的情况下还收留了自己，如果不是母亲这般的羞辱和谩骂，她会敞开心扉与母亲畅谈，可是母亲一次次地否定，一次次地嘲讽，让她原本努力的心变得战战兢兢，她刻意地想做好一些事去讨好母亲，却在一番努力之后引来母亲更大的怒气。她不知道该如何面对母亲，这是她生活的唯一依靠。黄逸梵像暴风骤雨，时而在张爱玲面前吹起狂风，嫌弃她的无能；时而在张爱玲面前降下暴雨，怀疑她是否值得自己用心培养。这些言行摧毁了母亲在张爱玲心中的形象，也摧毁了张爱玲对她的敬爱之心。张爱玲宁愿走一个多小时的路去补习，也不愿意向母亲伸手要钱，她害怕那种难堪，更害怕钱会加快消耗她们之间的母女之情。

　　黄逸梵的无心之举，在少年张爱玲心中留下阴影。张爱

第三章 清纯雏菊迎风霜

玲经常独自一人在公寓顶楼的阳台上转悠,望着西班牙式的白墙在蓝天上切割出凌厉的线条,思索着自己的人生。她感觉头顶那轮烈日,似乎能晒化一切,让自己赤裸裸地暴露在天地之间,心里溢出满满当当对自己的不屑和对未来的惶恐与迷茫。她想挣脱这些束缚,活出自己的人生,所以在她心底里,埋下一粒还债的种子,将来她一定要努力赚钱,把欠母亲的钱全部还上。张爱玲终于如愿考上了伦敦大学,而且成绩非常出众,博得了远东区的头筹,这样的成绩多少让张爱玲感觉安慰,最起码母亲的心血没有白费。可惜天不遂人愿,欧战爆发,英国战火弥漫,张爱玲不得不听从母亲的建议,改去香港大学读书。

香港大学,并不是想象中的净土,张爱玲来到这里,更加体会到贫穷的窘迫。1939年,张爱玲道别母亲和姑姑,只身一人到香港大学求学。香港大学里大部分都是富人家的子女,她们一个个都打扮得非常精致,可是张爱玲只带了必要的生活费,她没有多余的钱装扮自己。衣服的寒酸,钱财的紧张,内心的自卑,让她只能埋头读书,很少与别人交往。多年以后她还清楚地记得,有一次,一个家里特别富有的名叫周妙儿的同学请宿舍里的人去她家的别墅玩耍。因为别墅区没有直达的航船,只能租用小轮船,大家提议分摊租船的费用,大概十几块钱。就为着节省这十几块钱,张爱玲便申请不去玩。同学们都对她有意见，可是她宁愿被同学嫌弃，也不愿为此向母亲伸手要钱，一方面是她的自尊心作怪，一方面是她确实体谅母亲的不容易。

暴戾的脾气和刻薄的话推远了亲人间的距离，却隔不断母女间的牵挂。大学第一年的暑假，张爱玲准备回上海探亲，她曾经表述过自己对上海的热爱，称还没有离开就开始想念了。上海，留着她童年的欢乐，留着母亲的唠叨，留着她固守的家，留着她的一切念想。她做好了回家的准备，却未能成行。当得知与她约好一同回家的同学提前走了的消息时，张爱玲大哭了一场，就像当年目送母亲离开校园后痛哭一般，她既委屈又难过。她取消了回家的计划，留在学校看书学习。谁知张爱玲没有回去，母亲却来了，人生的惊喜总在不经意间发生。母亲穿着时尚，在阳光下矗立，她说自己住在浅水湾饭店，要在香港待一段时间。张爱玲便每天往返于学校和饭店之间，她心里很矛盾，每天能见到母亲是一件特别开心的事，但浅水湾饭店是香港最贵的酒店，她在学校里减衣缩食，在暑假借住修道院的宿舍，母亲却如此奢侈，这让她敏感的内心涌起一种说不清的滋味。

母亲不说，她也不问，张爱玲不清楚母亲此次前来究竟是专程探望她？还是旅游途中借道来看她？她生怕母亲的答案伤害了彼此，她只是照例去浅水湾酒店看望母亲。母女

第三章 清纯雏菊迎风霜

之间如此谨小慎微的相处，实在让人唏嘘慨叹。这期间，张爱玲收到了历史教授佛朗士寄给她的八百港币。张爱玲是学校人尽皆知的贫困生，同时也是闻名的才女，她在《西风》杂志上投稿的《我的天才梦》获了奖，可惜没能得到奖金。她向学校申请了奖学金，也没有被通过。或许佛朗士教授看中她的才华，又或许是怜惜她的遭遇，特意给她寄了八百港币并附信鼓励她好好学习，争取在下学期取得更好的成绩，拿到全额奖学金。这笔钱，给了张爱玲莫大的信心，从小到大，很少有人这么认可她，她激动地拿给母亲看，希望母亲可以称赞自己一次。谁曾料到，母亲看了钱也看了信，轻描淡写地让张爱玲把钱放在桌子上。没有期盼中的夸赞，反而招来了母亲的怀疑。母亲在张爱玲洗澡的时候冲了进来，要验明正身，看她是否还是处女。母亲怀疑张爱玲与佛朗士有不正当关系，否则人家怎么会凭空给她八百港币呢？母亲的举动打破了张爱玲心底残留地温存，那份对母亲的温存！她不再期待母亲的赞许，只希望能把那八百港币拿回来，她确实需要那笔钱。这个希望也终究落了空，过了几日，张爱玲再到浅水湾饭店时，听母亲的朋友说，母亲在牌场上输掉了这笔钱，不多不少，整整八百港币。

那一刻，张爱玲的心零落成泥，所有的恐惧、自卑、讨好都归于尘埃，她不再苛求自己，她要把自己从圈囿中释放,她要按照自己的意志去活,不再小心翼翼地迎合黄逸梵。此后,黄逸梵带着张茂渊还给她的古董,再次去了欧洲,那里有她结识的男朋友,据说是一个生意人。黄逸梵资助他到新加坡做皮革生意,1941年日军侵占新加坡,黄逸梵的男朋友不幸在一次轰炸中葬身。黄逸梵从此再没有回国,四处漂泊,晚年定居伦敦,她与张爱玲之间一直靠写信联系,从此不曾见面。1957年8月,黄逸梵病重,她写信给定居美国的张爱玲说"只想再见你一面"。张爱玲最终还是没有答应母亲的请求,不知道是因为对母亲的积怨,还是经济的困顿,她只给母亲寄去一封信和一百美元。当时张爱玲刚与第二任丈夫赖雅结婚,经济捉襟见肘,确实买不起去伦敦的机票。同年9月,黄逸梵去世,不久之后一大箱古董被寄到了张爱玲的住处,张爱玲为此大病一场。

人已去,怨何存?抚摸着冰冷冷的箱子,张爱玲悲痛不已。她曾经埋怨母亲无情的转身,忽视她的热切;可是回望一生,没有母亲关键时刻的陪伴,又怎会有她辉煌的成就?及至母亲人生落幕,那份牵挂的心还是给了自己,这些珍贵的古董便是证明!在张爱玲垂垂暮年之际,她一直嘟囔着希望母亲能给她留个门缝,好让她去给母亲赔罪!

高山流水钟伯心

命运是一条看不见的绳索，总在无意间牵引着人生的航向。张爱玲靠着努力终于换来了伦敦大学的入学通知书，却因为一场战争不得不改道去香港大学。十九岁的张爱玲，站在去往香港的轮船的甲板上，望着周围熙熙攘攘的人流，送别的人和离别的人混在一处，有些人相拥而泣，有些人挥手作别，有些人殷殷叮嘱，而送别她的母亲和姑姑，淡淡地把行李递给她，便站在码头上远远地看着。张爱玲多么希望她们能给自己一个拥抱，可是母亲和姑姑没有表示，她也不习惯主动去要求，带着一丝尴尬和失落，她转身朝船舱走去。

轮船渐行渐远，母亲和姑姑被拉成了记忆中的影子，炎樱却成为她青春岁月中最为真实的依托。就在这条船上，张爱玲结识了一同去香港大学上学的炎樱，她并不漂亮，个子也不高，皮肤黝黑，体型偏胖；但是她全身充满朝气、活泼开朗，招人喜欢。炎樱是张爱玲帮她取的名字，实际上炎樱是个混血儿,姓摩希甸,原名叫法提玛,后改名为貘黛,又改名为貘梦。她的父亲是阿拉伯裔锡兰人,也就是今天的斯里兰卡人,她的母亲是天津人,家人不同意她母亲的婚姻,她的母亲却执意坚持,最后索性与家人断绝来往,随父亲一同定居上海,共同经营一家摩希甸珠宝店。那一日,炎樱刚好也是乘坐这条从上海到香港的轮船,她调皮地在甲板上摇晃栏杆,一位自称晕船的中年妇女紧张地返回船舱,事实上船还没有启动,炎樱狡黠地笑起来。张爱玲原本还沉浸在自己的遗憾中,临别都没有获得亲人的拥抱,现在她竟也随着炎樱一同笑起来。这个其貌不扬的女孩,引起了她的好奇,也终将走进她的内心,成为她人生里重要的朋友。

告别母亲,张爱玲长长地舒了一口气,吐出那些令人窒息的回忆,她准备投入新的生活。香港的码头近在咫尺,张爱玲看着码头上巨大无比的广告牌,鲜亮的颜色直刺眼球,这些色调鲜艳的广告牌倒映在碧绿的海水里,拉出一道道幻影,随着波浪一上一下的晃动,仿佛是在相互厮杀。这种环境对张爱玲来说是新鲜而刺激的,她不确定自己是否有勇气独自面对这个陌生的环境,所以她用了"厮杀"这个词,估计是想为自己壮壮胆吧。

贫穷,是一件顶让人羞耻的事情,必得拿出十二分的气力去应对生活。在香港大学的校园里,遍地都是富人家的孩

第三章 清纯雏菊迎风霜

子,他们的吃穿用度自然特别讲究,唯独张爱玲除了基本的生活费之外,再没有余钱去享受生活。她知道母亲的不易,也不想因为钱去听母亲尖酸刻薄的话语,她把更多的时间用在埋头看书和画画上,很少与人交往。同学们耻笑她,她充耳不闻,听到了又能怎么样?她还没有能力改变自己的困境。张爱玲看起来不爱说话,孤独而古怪。炎樱却不同,她热情爽朗,灵秀而健谈。爱玲喜欢听炎樱说话,她的话总是让人无限遐想,就连她无理的要求都变得有趣至极。炎樱看见花朵上停靠的蝴蝶,会说"每一只蝴蝶都是一朵花旧时的灵魂,回来寻找她自己"。当她描写女人头发之黑时,会这样比喻"非常非常黑,那种黑是盲人的黑"。有人抱怨因为战争不能周游世界,不能去看撒哈拉沙漠时,炎樱会忽闪着双眼说:"不要紧,等他们打仗完了再去。撒哈拉沙漠大约不会被炸光了的。我很乐观。"望着夜空的月亮和星星,炎樱会说:"月亮叫喊着,叫出生命的喜悦,一颗小星是它的羞涩的回声。"这些语言俏皮而又满富诗意,在同样喜欢文字的张爱玲心底激起了涟漪,张爱玲认真地倾听,用心记住了这些话语,把它们收录在《炎樱语录》里。

当然,吸引张爱玲的,不仅仅是这些俏皮的语言,还有炎樱那些无理中带着天真的行为,让人哭笑不得又无理反驳。有时候,炎樱会去报摊上看画报,摊主看着她一本本翻阅之后却又不买，就讽刺地说："谢谢你。"谁料炎樱若无其事地摆摆手说："不用客气。"她根本不理会别人话语中透漏的不满，反倒觉得自己才是宽恕别人的人。炎樱还有个习惯，不论在哪里买东西，都喜欢抹掉零头。有一次，她到虹口一家犹太人开的商店里买东西，付款的时候递了整数的钱过去，收款的犹太女人看着炎樱没有再掏钱的意思，赶紧告诉她钱没有给够，结果炎樱拿起钱包把所有的东西都倒出来，说："你看，没有了，真的，全在这儿了。只留下二十块钱，我们还要去吃茶。专为吃茶来的，本没有想要买东西，只是看见你们这儿的货色实在好……"犹太女人还想说什么，犹太老板却妥协了，他反倒热心地为炎樱介绍起周围的茶室，告诉她哪家的蛋糕最好吃。炎樱这种婴儿般的纯真让人毫无招架之力，纵使以聪明著称的犹太老板都甘拜下风。张爱玲自感自己是无趣的，碰着这么有趣的人，她由衷的佩服和珍惜。

因为在乎，所以毫不设防地信任；因为信任，所以敞开了心扉接纳一切；因为接纳，所以伤害之后还是会原谅。张爱玲已经习惯了炎樱的陪伴，她孤寂的内心盛满了这个朋友的一切。爱玲喜欢和她在一起，喜欢听她说话，喜欢和她一起做事。来到香港大学第一年的暑假，炎樱和张爱玲商量好要一起回上海，可是不知何故，炎樱却提前走了，把张爱玲

第三章 清纯雏菊迎风霜

一个人留在香港。一贯深埋自己感情的张爱玲,为此号啕大哭了一场,她原本是一个特别守信的人,如今她感觉自己被深信的好朋友抛弃了。张爱玲哭泣的,不仅仅是因为炎樱的不辞而别,而是她心底里那份恐惧,她害怕失去这个朋友。母亲黄逸梵几度离开,也是这么毫无征兆的决绝,张爱玲无力要求她们留下,只能用泪水表达内心的失望和恐惧。家庭幸福的炎樱自然不能体会,对于张爱玲而言,与朋友相守是一件多么重要的事情。这只是她们相处过程中的一个小插曲,留在心底的伤虽然很痛,但爱玲选择原谅,再见面,她们依然是好朋友。

乱世之中没有净土,战争很快蔓延到香港。1941年12月底,就在香港大学大考之际,学校传来消息,由于战争惨烈,学校决定取消考试,这意味着他们将拿不到毕业证。随后,学生们被分派到各地参加救援。炎樱学的是医学专业,她被指派到中环去救助,而张爱玲学的是文学专业,她有幸被留在学校图书馆中帮忙记录防空警报的信息。战争中,飞蹿的子弹仅仅引起人们暂时的恐惧,饥饿才是摧残人类意志的杀手!大街上到处留着战争的痕迹,空荡荡的没有生机,过去扎堆的小吃摊已销声匿迹。张爱玲一开始强忍着饥饿,还打趣自己挨饿是为了身体健康,可是渐渐地饥饿吞噬着她的神经,大脑开始有了虚无缥缈的感觉,整个人就想不停地沉下去。好在，还有炎樱这样的朋友关心自己。炎樱本来是被派去中环参加救助的，可是她不放心张爱玲，所以冒着枪林弹雨跑了回来。两个惺惺相惜的女孩，在香港寒冷的冬夜里偎依在一起相互取暖，没有毯子，她们就拿旧的书报杂志盖在身上。张爱玲抽空会画画，炎樱则会专心地为爱玲的画着色，彼此毫无嫌隙地配合，让她们的友谊越来越深。残酷的战争随着香港的沦陷结束了，学生们兴奋不已，冲到大街上疯狂地购买东西，张爱玲和炎樱喜欢吃冰激凌，她们一条街一条街地寻过去，就为了能吃到可口的冰激凌。当然，如果兜里的钱允许，她们是会买更多的东西，毕竟她们压抑了这么久，就算是为了庆祝活着，也应该奖励自己一番。患难之中，张爱玲和炎樱相互关心，彼此照顾，让她们的感情更进了一步。

　　香港，已经不是昔日的香港，日军占领之后，所有的外地人都想快点逃离，可是回乡的票一票难求。张爱玲也渴望回上海，她想尽办法弄到了一张船票。此时，母亲已经去了国外，只有姑姑还在上海。她投奔到姑姑处，一待就是十年。炎樱随后也回到上海，由于她们没有从香港大学拿到毕业证，所以两个人商量着去上海的圣约翰大学继续完成学业。可是张爱玲碰到了另外一个难题，学费怎么办？母亲不在，姑姑仅靠工资艰难度日，她自己又不曾工作，幸亏弟弟

第三章 清纯雏菊迎风霜

张子静帮忙说服了父亲,让父亲为她付了学费。张爱玲首次考试因国文不及格落选,经过第二次考试才如愿进入圣约翰大学,在大学里她却并不如愿,因为生活费的问题,她开始半工半读,尝试写作卖文。炎樱则不同,她不用为钱发愁,且她爽朗的性格在哪里都很受欢迎,进入圣约翰大学后,炎樱很快融入新的群体,结识了更多的朋友,在学校生活得有声有色。于是张爱玲潜心写作,她发表在报刊上的文章很快被人们接纳,遂萌生了退学的念头,她到底没有坚持学下去,走了属于自己的路。

多年的磨砺,终于在一朝迸发。1943年,张爱玲作品频出,她逐渐成为上海文学界的璀璨之星,她的著作名动一时。炎樱常常夸张地和朋友们说:"你不知道现在同爱玲出去有多讨厌,一群小女学生跟在后面唱着'张爱玲!张爱玲!'大一点的女孩回过头来上下打量,连外国人都上前求签名。"炎樱嘴里说着讨厌,却并不是真的讨厌,她是发自真心地以张爱玲这个朋友为傲!随着众多作品的问世,张爱玲的经济条件也逐渐好转,她有空便与炎樱相约逛街,去吃加了奶油的蛋糕、巧克力等等一切软的、容易消化的东西。对于钱,张爱玲是一贯主张计算清楚的,与炎樱在一起也是如此。正因为投奔母亲后自己的经济状况一直不好,所以骨子里,她是不愿意欠别人的,欠了是一定要还的。炎樱虽然有着买东西抹掉零头的习惯，在与爱玲的交往中，却非常尊重她的习惯，爱玲要算清楚，那便算清楚，吃东西时自己付自己的钱，坐三轮车也是每人一半。

　　青涩的岁月惶惶而过，青春的欢笑定格在墙上的相框里，双脚却在分秒不停地前行，在人生的岔口处，两个年轻的女孩选择了不同的路。张爱玲选择了退学，炎樱则坚持拿到了圣约翰大学的毕业证。退学后的前两年，张爱玲倾心于写作，炎樱则在学校刻苦攻读，同时为张爱玲的作品担任封面设计的工作。1943年，就在张爱玲火得一塌糊涂时，有一个男人撞进了她的生活，这便是胡兰成。1944年8月，张爱玲与胡兰成在炎樱的见证下以一纸婚约结为夫妇，没有仪式，没有亲朋好友的祝福。胡兰成的出现，对张爱玲既是成全，也是毁灭。短暂的甜蜜带给张爱玲无限的痛苦和麻烦，她不仅在作品上搁浅，在政治上也被人怀疑。此时的炎樱，已经大学毕业，去日本做起了生意。而张爱玲写的文章遭到谩骂和质疑，经济收入直线下滑，婚姻失败，以致她身心俱疲，开始思考离开上海的事情。她选的第一站是香港，香港大学是她当年未了的梦，也是母亲黄逸梵的心愿，黄逸梵希望女儿可以取得香港大学的毕业证书。1952年，张爱玲得到香港大学准予她复学的批复，她便离开上海再次去了香港。

　　个人之于天地，实在太过渺小。每一次心高气傲地努力,都被打回原形,匍匐在大地上,一寸一寸地挪移!张爱玲怀着热切地心重归香港大学,她是希望靠着全额奖学金度过生活的困境,借此维持生计和持续写作,可是她拿到的奖学金却少得可怜。曾经被万人追捧的文采,又让她难于接受眼前平淡的学校生活。况且这里再没有炎樱,张爱玲顿时觉得港大的生活索然无味,远赴欧美便成了她迫切想要实现的目标。远在日本的炎樱,时时关心着张爱玲的一切,她写信给回到港大的张爱玲,邀请她去日本。心乱了,脚步自然会乱。张爱玲不曾细想,毅然从香港大学退学,急切地赶赴日本,可见她改变现状的心是多么热切啊!在日本生活顺风顺水的炎樱,无法体会经历了失去爱人、经济困顿、被人谩骂的张爱玲的心境,她像从前一般,滔滔不绝地向张爱玲介绍着她的生意,述说着一位船长向她求婚的事情。这些在张爱玲看来,成了炎樱的炫耀,她此时无心迎合炎樱的乐观,她要考虑的,是她的生活来源。

  母亲黄逸梵曾经苛责张爱玲,认为她是拖累,是害人精。或许母亲的这些话让她对任何人都生了戒备,即使是特别要好的朋友也不例外。自尊、敏感、要强的张爱玲,表面总是表现出一副清高孤傲的样子,内心却只是不愿拖累别人,不愿把自己的痛楚扒开了给人看,不愿打扰别人简单幸福的生活,也不愿在别人毫不顾忌的意气风发里折磨自己!

她希望安安静静地做自己喜欢做的事，过自己喜欢的生活。可惜炎樱并没有注意到这些，她还像上学时那般的俏皮，以为张爱玲愿意做她的听众，愿意分享一切。殊不知，她的每一句话，每一件事都像尖刺一般令张爱玲心痛不已。何况张爱玲对于钱非常敏感，她总希望和所有人都能算得清清楚楚。如今，炎樱日进斗金，而自己却拮据难堪，倘若依仗得多了，日后拿什么去还炎樱？张爱玲自有她的担忧和无奈，再加上在日本整日无所事事，生活没有改观，煎熬了三个多月，张爱玲决定离开日本重返香港，打算先在香港找一份工作维持生计。生活，让张爱玲学会低头，低头在熙攘的人流中寻找属于自己的小路。

这一次离别，于炎樱而言，就是千百次离别中的一次，但于张爱玲而言，却有了特殊的含义。她知道，她和炎樱之间确实存了一条鸿沟，难以逾越，这条鸿沟里一部分是钱，一部分是炎樱的自我炫耀。年轻时金钱只是辅助，可以嘻嘻哈哈的当作不在乎，到了自食其力的年龄，金钱成了生活不可或缺的一部分，如果两个人在经济上实力悬殊，不太好的那一方自然会感觉到压力。更为重要的是，炎樱作为经济实力雄厚的一方，她没有收敛自己的得意，她没有能够设身处地地替张爱玲着想，她只是沉浸在自我的小幸福中，无比陶醉。张爱玲其实也替炎樱高兴，昔日的好友生活得如此幸福,那是她最愿意看到的事情。只是,她深陷在第一段感情中难以自拔,又在轰轰烈烈地批判声中感到无助,她无心再为炎樱鼓掌喝彩,她希望能有一个人体谅她,包容她,静静地陪着她,听听她的心声。张爱玲累了,可是她不能停下,为了生存,她必须找一份工作。

没有人知道,再次回港的张爱玲是怎么熬过那些没有工作、没有收入的日日夜夜的。她住在女青年会,每日拿着报纸,一个个筛选着自己能够胜任的岗位,一封封信发出去,却如石沉大海,杳无回音。但她不能放弃,找到工作是她生存下去的唯一希望。终于,一份翻译工作的机会给到了她。那是美国在香港设立的新闻处,需要一个英文水平高的临时翻译人员,把美国纯英文文学作品翻译成中文,张爱玲的条件非常符合。对于这份工作,张爱玲谈不上喜欢,纯粹是为了挣生活费,对于一些不喜欢的作品,她强忍着内心的不悦完成翻译。生活,有时候真的很残酷,它可以把一个人拷打得体无完肤,丧失斗志;也可以把一颗高傲的灵魂肆意摧残,俯首投降。此时的张爱玲是无奈的,一面是生存,一面是灵魂,她总是要兼顾才行。然而,生活并不总是苦涩的,苦闷之余,张爱玲结识了毕生的知己——宋淇和邝文美夫妇。

也许,只有相互懂得的人,才能够在相遇时互相欣赏,相互吸引,彼此珍惜。张爱玲与邝文美是在美国新闻处共同翻译同一本著作时认识的。在不断地合作与相处中,两个人了解越来越深,张爱玲总是给人一种孤傲、高冷的感觉,可是在邝文美眼中却是另外一番理解:爱玲在马路上不与人熟人打招呼,是因为她患高度近视,平常又不习惯戴眼镜,看不见的缘故,并非是刻意不理人;爱玲不愿与人外出赴宴,是因为她患有轻度敏感症,对饮食特别挑剔,并非是她摆架子;爱玲不常参加社交活动,是因为她的作息时间与大家刚好相反,白天睡觉,晚上写作,并非是她自命清高;爱玲面对陌生人时话语很少,是因为彼此不了解,不知道该说什么好,不是她不屑与人交谈;碰到知己时,爱玲谈吐优雅,诙谐幽默,妙语连珠,仿佛变了个人似的。张爱玲对邝文美自然也是称赞不已,说她既能持家,又能帮助丈夫,还博学多才,最重要的是她的性格温厚仁慈,举止优雅,知书达理,有着良好的修养。她就像一片浩瀚的大海般,容纳着张爱玲的喜怒哀乐,点点滴滴的琐屑。这让孤身在港的张爱玲,获得了家人般的温暖,她可以毫不设防地和邝文美诉说自己的一切,包括情感方面、作品方面、生活方面的。遇到邝文美之后,张爱玲感叹地说,好的知己就是自己的一面镜子。不善于为自己辩解的张爱玲,仿佛是在对所有的人展示自己的另一面。

第三章 清纯雏菊迎风霜

在孤苦无依的环境中,张爱玲遇到了她可以依靠的人。从她租住的房子,到她的作品出版,再到空暇时的陪伴,邝文美夫妇都不遗余力地帮助她,这对夫妻对她的情谊,可以说是在她波澜不惊的香港生活中溅起的一朵浪花,丰富了她的生活,也让她对未来充满希望。然而,香港的生活实在不尽如人意,张爱玲不甘心就这样沉沦,她崇拜的作家胡适先生在美国,炎樱也去了美国,她希望自己可以去美国闯荡一番。

恰逢美国颁布难民法令,有一技之长的外国人可以申请入美,并有机会成为美国公民。张爱玲凭借作家的名头通过了申请,1955年,她告别暂居三年的香港,起身前往美国。张爱玲站在"克利夫兰总统号"的客轮上,泪眼模糊地望着邝文美夫妇,挥手告别,内心似乎被掏空了一般。这一次,她远离祖国,远离挚友,孤身一人前往陌生的国度,她不知道等待她的将是什么。船已经走出很远,张爱玲还是依依不舍地回望,或许她也在恐慌,没有他们的陪伴,接下来的路她该怎么走?从此后,漫漫长夜,就真的只剩她一人驻守。她哽咽着,掏出纸笔,迫切地想给邝文美夫妇写信:看着你们转身离去,我的心里轰然一声,仿佛天坍塌了一般,喉咙被堵住,眼泪止不住地流……第一封信她便写了六页之多,从此,张爱玲与邝文美夫妇鸿雁传书,用六百余封信,维持了四十多年的友谊。双方的信任可见一斑。

纽约的街头一派繁华,炎樱与张爱玲再次相见。张爱玲不愿在炎樱家中长久居住,便托炎樱给她找了一处租金十分低廉的住房——职业女子宿舍,这里其实是救济军办的救济所。宿舍的环境不好,条件简陋,但张爱玲受经济所困,只求有个容身的地方就行,她很快就搬了过去。张爱玲此番来美国,目的就是要再创写作高峰。所以她一安顿下来,就迫不及待地拉着炎樱去拜访了胡适先生。胡适夫妇热情地接待了她俩,张爱玲特别兴奋,可是炎樱在不久之后却跑来对她说:"你的那个胡博士不大有人知道,没有林语堂出名。"炎樱也只是一番好意,因为张爱玲是她的朋友才特意打听了消息来,可是张爱玲却不乐意了,在她心中,胡适是她仰望的前辈。不过张爱玲并没有当下辩解,只是再次拜访胡适先生时,并没有叫炎樱一同去。

两个人走在各自的轨道上,就像两条平行线一样,很难找到交汇的点。大大咧咧的炎樱一如既往地与张爱玲谈论着自己的生意,自己挣了多少钱。这无形中拉大了两个人之间的差距,因为张爱玲现在最缺的,就是钱。有些事,张爱玲是再不愿意同炎樱说了,她宁愿给远在香港的邝文美写信,也不愿同坐在对面的炎樱讲。有一次张爱玲在信中提到了炎樱,说炎樱其实没有变,只是现在大家都各自很忙,很少在一处相谈，相比以前感觉淡了一些。但她从未幻想过炎樱能深入了解她，从前也觉得炎樱这样的朋友就很了不得。只是在遇到邝文美这样的知己后，才发现自己被宠坏了，再也看不上别的朋友。言辞之间透漏出炎樱比不过邝文美在她心中的地位。后来张爱玲与第二任丈夫赖雅结婚，搬离了纽约，与炎樱便很少见面。

曾经浓烈似火的感情，在岁月的沉淀中慢慢冷却了下来。张爱玲活在她的感情里，守着赖雅，牵挂着邝文美夫妇，独独冷淡了炎樱。炎樱结婚时曾给张爱玲寄了请柬，但张爱玲既没有出席，也没有多问她丈夫的情况。之后炎樱给张爱玲写过几次信，但都没有收到张爱玲的回信。炎樱于是写信追问："我不知道我做错了什么，使得你不再理我？"然而张爱玲终究没有给出答案。也许是她困于糟糕的生活无暇顾及，也许是她不愿昔日的好友看见此时的不堪，也许是时间把她们割裂在不同的空间，也许她只是不愿意做无谓的应酬，想还自己一座干净的情感之城，她就这样悄悄地从炎樱的生活中剥离，待在远远的地方，不再打扰炎樱分毫。

第四章 幽兰出世放异彩

那一粒小小的种子，瑟缩着蛰伏在泥土里，寒来暑往，风霜雪雨无数次地击打在她的身上，她只是不语。面前的黑暗浓郁而悠长，她看不清前方的路。她沉默着，躲避着，潜伏着，委身在文字之间，靠着顽强的意志等待！等待破土而出的机会，等待像空谷幽兰一般，迎着阳光傲然绽放，惊艳世人！

古灵少女才思敏

当那只肉嘟嘟的小手随意地往红尘里轻轻地一抓，抓到了一支笔，她娇小的手毫无意识地摆弄着，没想到真的就划出了她今生的人生轨迹——文采动天下。张爱玲周岁时在"抓周"习俗中抓到了笔，人们总觉得比抓到吃的、玩的好得多，父母、姑姑和用人们都笑逐颜开，庆祝她们的小公主抓到了好彩头，但谁都没有料到，多年之后，张爱玲真的以笔行文，靠文吃饭，名动上海滩。当然这是后话，人们很快发现幼小的张爱玲聪慧、机敏，还很好学。

识字，是母亲的功劳。两三岁时，每到下午，母亲就会教她认两个汉字，学会了就奖励她两块绿豆糕。稍大一点，她便开始背唐诗。母亲一日日坚持，她也一点点地进步，到了三岁左右，她已经能够吟诵很多唐诗。也就在三岁那年，用人带她去拜访本家的亲戚，其中有一位她称作"二大爷"的人，据说曾经在清朝为官，因感念皇族的隆恩浩荡，不愿

第四章 幽兰出世放异彩

再为别的政府效力。她见二大爷那天,二大爷戴了一顶瓜皮小帽,高大的身躯躺在藤椅上,轻轻地拉着张爱玲的手,慈祥地问她是否识字?识得多少?言语里满是对晚辈的关爱和期盼。张爱玲娇怯怯地吟诵了起来:"烟笼寒水月笼沙,夜泊秦淮近酒家。商女不知亡国恨,隔江犹唱后庭花。"张爱玲只是恰巧背了这首诗,二大爷却在听到"商女不知亡国恨,隔江犹唱后庭花"之后潸然落泪,属于他的朝廷已经覆没,如今他作为遗老只能在心中守着那份皇家曾经给过的荣耀。小小的爱玲不懂得二大爷的心思,她只是喜欢这首诗,所以就清清朗朗地背了出来。三岁,爱玲就已经与文学结缘,喜欢上这些或明朗或哀怨的诗句。

每个婴儿都是纯洁无瑕的,父母的浓墨重彩成就了他们不同的人生。张家世代书香,张爱玲自然从小就闻着文墨的味道,就连他们家的用人,也都有着不俗的本领。母亲第一次出国后,张爱玲姐弟俩与用人们接触的时间更多,在张爱玲的记忆中,每个用人都有不一般的本领。其中,一个被爱玲称作"毛物"的男仆,不仅喜欢练毛笔字,还会讲《三国演义》的故事。爱玲当然喜欢守在旁边,听他讲那些鲜活的人物和精彩的故事。毛物的妻子被爱玲称作"毛娘",其实就是"毛物新娘子"的简称,毛娘会讲《孟丽君女扮男装考中状元》的故事,心思缜密的爱玲居然能把这些跌宕起伏的故事情结统统记在心里。这夫妻两个也算是张爱玲古典文学的启蒙老师吧，他们的故事不仅填补了爱玲母爱缺失的空闲，也启发着爱玲去书籍里寻找更多的故事。

引导张爱玲学习古典文学的另一个功臣，自然是她的父亲张廷重。张廷重有一个书房，书架上陈列着诸多中外名著，《西游记》《红楼梦》《三国演义》等自不必说，还有《海上花列传》《官场现形记》等等。张爱玲喜欢窝在张廷重的书房里，翻阅这些透着油墨香的书籍。张廷重自身对古典文学非常热爱，颇有兴致的时候也会挥毫泼墨，写几句自己满意的诗词。年幼的爱玲，像个小大人一般装模作样地学着父亲的样子，偶尔写几句。张爱玲与别人的不同，是她勤于思考，所有旧的东西，在她脑海中转一圈出来，就变成她笔下新的文字。张廷重发现张爱玲对文学如此热爱，又如此有天赋，自然非常欣喜，常常抽空对张爱玲指点一二。父亲虽然有着众多的不良嗜好，但在书房中与张爱玲讨论文学时，张爱玲是极为喜欢这样的时光。随着张爱玲的才情一点点展露，张廷重便请了私塾先生来教她。

私塾先生，成为张爱玲的又一位领路人。当年过五旬的私塾先生端坐在两个孩子面前接受见面礼时，张爱玲的心中却对此嗤之以鼻。有黄逸梵这种果敢的母亲，落在俗套中的私塾先生怎么能驾驭得了心思巧妙、性格乖张的张爱玲呢？

第四章 幽兰出世放异彩

私塾先生教的无非是孔孟之道,除了《论语》,便是《孟子》,两个孩子摇头晃脑地跟着先生大声朗读,期间也不忘淘气。没多长时间,私塾先生就主动请辞。张廷重曾对私塾先生说过,张家的孩子,都要自小饱读诗书,绝不可有半点偷懒,特别是女孩子,一定要尽早读书,万不可学别人家的"女子无才便是德",而且越早越好。张爱玲的血液里,一半是张廷重的才华横溢,一半是黄逸梵的离经叛道,夹杂在一起,便成为一个让别人感觉怪异的与众不同的人。可恰恰是她独立思考的习惯,恰恰是她胸中的主见,让她的文章清新脱俗。

书籍,成了张爱玲幼年生活里不可缺少的一部分。她专注于书中的故事、书中的人物、书中的文字,她也专注于周边的事、周边的人。她像是吸满了水的海绵,内心饱满而膨胀,她急需把内心的感受与人分享,可是父亲沉迷于烟塌之上,母亲又远在国外,弟弟尚且年幼,听不懂她的热切,姨娘对文学根本就不感兴趣,她只能用文字去描述她的感受。所以,七岁时,张爱玲悄悄地写下了一篇简短的小说,她以家庭为背景,以嫂嫂和小姑子之间的是是非非为主题,勾勒出一副家庭矛盾图。那样小的年龄,居然把成年人之间的恩怨勾画得淋漓尽致,如果不是她对生活足够细致的观察,如果不是她对所看书籍融会贯通的思考,她又如何能写出超乎年龄的文章？她的笔可以决定文中人物的性格和命运，在文字里没有人能够阻止她天马行空的想象和创造，张爱玲或许喜欢这种自我控制的感觉，所以她紧接着尝试写了第二部短小说。写的是一位生活不如意的女孩想要了结自己的生命，把地点选在了离家很远的西湖的故事，整个故事看起来是一出悲剧，但女主角对地点的选择又显出浪漫的一面。对于这样的构思，也只有张爱玲这样奇思异想的人才能想得出来。

看着女儿的作品，父亲也是觉得非常有光彩的，他引导七八岁的张爱玲读完了《西游记》《三国演义》《红楼梦》。这些经过多少年积淀而流传下来的经典，深深地印在张爱玲的脑海里。父亲的肯定让张爱玲备受鼓舞，她不能只满足于短短的小说，八岁时，她决定要写一部摸起来很厚的小说，就像《红楼梦》那般厚厚的小说。张爱玲可不是光说不练的人，她找了一些练习簿缝在一起，开始构筑她的宏伟梦想，还写下"快乐村"三个字，并拟好了相关的内容和插图。毕竟还是个孩子，今天说过的事，隔天可能就忘却了，也可能是这样的巨著对她来说确实很难，结果她只断断续续地写了一点便把练习簿扔在一边，再没有下文。可是单看一个八岁的孩子就有写长篇巨著的心思，就不得不佩服她的胆识和格局。

张爱玲仿若一粒幽兰的种子，即使经历了母亲出走、姨太太入门、父亲消沉堕落，她还是在凛冽的寒风中找到了倚靠——那些书籍，那些故事，那些会讲故事的人，他们填满了张爱玲幼年的生活，激发了她写作的欲望。她像生活的旁观者，看到了父亲的无助、母亲的决绝，看到了姑姑的刚烈，看到了用人们的自得其乐，看到了姨娘那群姐妹们的娱乐人生，看到了生活的欢乐和悲伤。面对人生，她无法用嘴说出来，可这一切都深深地藏进她的心里，沉淀成文字最终被写了出来。磨难是天才的摇篮，或许真的如此。

金钗之年名气传

人总得为自己的感情寻一个出口,黄逸梵毅然决然地转身把孤独留给了张廷重和一双儿女。张廷重日日缠绵烟榻,日日流连烟花柳巷,日日独坐昏黄的书房,咀嚼着孤独吞噬神经。张爱玲自然也是孤独的,但她毕竟尚小,她可以在花园里的秋千上度日,可以在用人们的故事中度日,可以在姐弟俩的游戏中度日,可以在勾勾画画中度日,也可以在书山文海中度日。不过,落寞总在生活的空隙中显现,她也会偶尔望着落日余晖,怀抱着洋娃娃,想着大洋彼岸的黄逸梵。她想不明白,母亲为何一定要离家而去?她不懂,可是又不能问,她不知道别人的父母是如何相处的,她只看到自己的父母经常互相指责,吵闹之声不绝于耳。她也不理解,母亲离去时哭得痛彻心扉,可为何还是要选择离开?张爱玲存了这样的心思,定然是希望能找到一个答案,她痴迷《红楼梦》也许是希望能从中找到关于这个问题的答案吧?

第四章 幽兰出世放异彩

几次翻阅之后,张爱玲没有找到她想要的答案,却发现了《红楼梦》的一个问题,前面的回目写得精彩纷呈,大观园的场面宏大,人物个性分明,故事情节层层铺垫、环环相扣,诗词歌赋写得相当绝妙,令张爱玲爱不释手,恨不能身临其境。后四十回却平淡无奇,文字、人物皆黯然失色,读起来味同嚼蜡,整个大观园都透出荒凉的味道。张爱玲满腹疑惑,她在同父亲讨论这部作品时,提出了自己的疑问,才知道后四十回与前面的回目确实不是出自一人之手。一个十几岁的孩子,居然对古典文学有着如此敏感的把握,若不是她如饥似渴地大量阅读所致,必定是她的天赋才华所致。《红楼梦》中那些与张爱玲年龄相当的少女命运深深地吸引着张爱玲,《红楼梦》中那些经典的语言和诗词歌赋清晰地印刻在她的脑海里,她实在太喜欢这群人、这些语言了,她萌生出一个俏皮的想法,让这些大观园里的人穿越到上海滩来。所以不久之后,张爱玲写出了《摩登红楼梦》,完全仿照《红楼梦》的写法,让人读来耳目一新,张廷重读完豪情大发,挥笔帮她拟了回目。

文字,竟可以如此曼妙地展现人的内心。张爱玲无处诉说的感慨借着文字表达了出来,她感觉到周围的人似乎非常喜欢她的文字,这给了她极大的鼓舞。1931年,张爱玲升入圣玛利亚女校,此时父母亲已经离婚,张爱玲带着一颗敏感而孤独的心进入初中校园。圣玛利亚女校的学生，大部分都是富家之女，张爱玲穿着老旧的衣服，忍着囊中羞涩的难堪，索性静静地躲在教室的角落，冷眼旁观着芸芸众生。面对同学的讥笑，她从不解释，也不反抗，她用极大的毅力忍耐着心中的酸楚，却又很真诚地活在自己的世界中。她不追求物质的完美，也无心打理生活的琐碎，她把全部的心思用在精神的追求和提升上，这些统统化作优美的文字不断地出现在校刊上面。所以，女校的同学及老师都知道她的大名，一方面是因为她生活方面的不合时宜，大家都觉得她孤僻、怪异、不合群；一方面是因为她作品的频发，大家都觉得她的文章辞藻优美，文风清新，寓意深远。

"我不忍看了你的快乐，更形成我的凄清！"（张爱玲《不幸的她》）这是张爱玲初一那年发表于校刊《凤藻》上的《不幸的她》里面的话，描述了一位二十多岁的女人与分别十多年的幼时的玩伴再相见，发现其夫顺女乖，家庭和谐美满，而她却为了追求独立，多年孤苦漂泊，至今仍是孑然一身，一周后她写了这张字条悄然离去。"别了！人生聚散，本是常事，无论怎样，我们总有藏着泪珠撒手的一日！"（张爱玲《不幸的她》）离开玩伴的她坐在船头默然。十二岁的张爱玲，写出了二十多岁两位女性的情感故事，写下了如此哀伤、如此富有哲理的话语。她的内心经历过什么，才让她

第四章 幽兰出世放异彩

把人生看得如此透彻？这篇小说虽然不长，却写得哀怨流淌，把张爱玲掩饰不住的才情跃然纸上，这篇小说也被后人评定为张爱玲小说的处女作。

1933年，张爱玲又在《凤藻》上发表了一篇题为《迟暮》的散文，描写一位经历丰盛的女人慨叹流逝的青春和曾经的豪情，躲在人迹罕至的地方，暗自消愁的情景。"灯光绿黯黯的，更显出夜半的苍凉。在暗室的一隅，发出一声声凄切凝重的磬声，和着轻轻的喃喃的模模糊糊诵经声，'黄卷青灯，美人迟暮，千古一辙'。她心里千回百转的想，接着，一滴冷的泪珠流到嘴上，封住了想说话又说不出的颤动着的口。"（张爱玲《迟暮》）整篇文章透出一种荒凉的心境，张爱玲甚至不惜把易逝的青春与朝生暮死的蝴蝶相比，蝴蝶虽然生命短暂，却可保一生绚烂；人虽然生命长久，却在青春流逝之后还需忍受漫长的衰老和孤独，在这一点上，蝴蝶反倒是令人羡慕的了。"青春如流水一般的长逝之后，数十载风雨绵绵的灰色生活又将怎样度过？"（张爱玲《迟暮》）十三岁，还不曾经历青春，更不曾有青春衰落的担忧，张爱玲却宛若亲身经历了一般，把迟暮女人的内心焦虑刻画得入木三分，她果然是心思细腻，文采斐然！

人与人的相遇从来都不是偶然，既然相遇，必定会演绎出一段故事。正如汪宏声老师的出现，是为了成就张爱玲一样。圣玛利亚女校本身是一所教会学校,以英文教育为主,国文只是象征性地设立,可有可无。可是,自从汪宏声老师出任了国文部主任后,他不仅给了学生们自由创作的机会,还增强了国文学习的力度,增设国文课程,奖励国文阅读。张爱玲本来对带着八股文味道的命题作文非常反感,平常总是懒洋洋地应付。如今,汪宏声老师下了特赦令,可以自拟题目,自由发挥,不拘体裁,张爱玲自然非常欣喜,她认真思索之后提笔写下《看云》两个字。张爱玲行云流水的文字、独特的构思自然引起了汪宏声老师的关注,他没想到,学校里居然藏着这般人物,他像伯乐发现千里马一般,甘愿为她铺设一个大展拳脚的平台。所以,在校刊《凤藻》之外,汪宏声老师又开设了一份新的刊物《国光》,并指名让张爱玲做编辑。但是不善与人沟通、不愿被人打扰的张爱玲委婉地推辞了,不过她答应可以给刊物供稿。

  1936年,《国光》创刊号推出,上面刊登了张爱玲一篇题为《牛》的小说。张爱玲一改之前以都市为背景的风格,把视角放在农村生活上。小说讲述的是一对农村夫妇由于生活所迫,先是失去了耕田的牛,接着失去了妇人头上陪嫁的银簪子,然后因为要换钱租牛又失去了小鸡,最后丈夫被租用的牛顶死的悲剧故事。"'先是……先是我那牛……我那会吃会做的壮牛……活活给牵走了……银簪子……陪嫁的九成

第四章 幽兰出世放异彩

银,亮晶晶的银簪子……接着是我的鸡……还有你……还有你也给人抬去了……'她哭得打噎——她觉得她一生中遇到的可恋的东西都长了翅膀在凉润的晚风中渐渐地飞去。"(张爱玲《牛》)女人舍不得这些东西,却只能无可奈何地接受,除了眼泪和气话,她无法改变眼前的事实,因为田地需要耕种,否则来年又得继续忍饥挨饿,欠人饥荒。张爱玲虽然从小在城市中长大,不曾有过农村生活的经历,可是她把这对农村夫妻的语言和神态描述的惟妙惟肖,让人读来真真切切感受到农村生活的不易和这个女人失去一切后的痛楚绝望。若不是有着丰富的想象力和对生活细节的揣摩,张爱玲又怎么能把未曾体验过的生活写得如此真实?汪宏声老师自然是大加赞叹,并希望张爱玲能为《国光》大量投稿。

同年,张爱玲在《凤藻》上发表了散文《秋雨》。"雨,像银灰色黏濡的蛛丝,织成一片轻柔的网,网住了整个秋的世界。"(张爱玲《秋雨》)在文中,张爱玲借用了暗沉沉、灰白色、忧郁的苍黄、霉气薰薰、灰色等冷色调形容词,描写了盛夏过后秋雨中萧瑟的一切;又把秋雨比作一个网,限定了秋的界限。那一年张爱玲十六岁,继母孙用蕃百般刁难,虽然她只有在周末才回家,可是看到继母对弟弟张子静的态度和用人们描述的弟弟的状况,她既愤怒又无能为力,甚至她发出了"我要报仇"的嘶吼。可是,她拿什么去报仇呢？现实的艰难与她自身力量的薄弱形成了巨大的反差，她满心的愁绪只能借助秋天的雨来发泄了。

1937年，张爱玲为《国光》再投一篇小说《霸王别姬》。这篇小说以虞姬为主人公，以她的所思所看所想为主线，以项羽和刘邦亥下之战为背景，全文并没有详细描写战争的过程，却从项羽军中粮草缺乏、四面楚歌、等待救援的希望破灭和虞姬对自己生命的思考等方面进行了反衬，最后虞姬用一柄小刀刺死自己，只为不拖累项羽，让他能够放开手脚、冲出包围求生。"十余年来，她以他的壮志为她的壮志，她以他的胜利为她的胜利，他的痛苦为她的痛苦。然而，每逢他睡了，她独自掌了蜡烛出来巡营的时候，她开始想起她个人的事来了。她怀疑她这样生存在世界上的目标究竟是什么。""——啊，假如他成功了的话，她得到些什么呢？她将得到一个'贵人'的封号，她将得到一个终身监禁的处分。她将穿上宫妆，整日关在昭华殿的阴沉古黯的房子里，领略窗子外面的月色，花香，和窗子里面的寂寞。她要老了，于是他厌倦了她，于是其他的数不清的灿烂的流星飞进他和她享有的天宇，隔绝了她十余年来沐浴着的阳光。"（张爱玲《霸王别姬》）在前线的木栅栏前，虞姬望着黑漆漆的夜空下汉军阵营的方向，开始思索自己的命运和存在的价值，她对自己这么多年乖乖地跟在项羽身边的生活起了怀疑，所以当形势危急，项羽误会她不想同去战场冒险时，她断然选择了自尽，并说出了项羽永远都不会懂的话："我比较喜欢那样的收梢。"（张爱玲《霸王别姬》）虞姬生前的最后一句话，应该是张爱玲的心声吧，她大约是受了母亲的影响，觉得女人的命运应该掌握在自己手中，而不应该为了男人牺牲自我的追求。

在圣玛利亚女校期间，张爱玲发表于校刊上的文章还有很多，诸如《若馨评》等书评四篇，《论卡通画之前途》《牧羊者素描》《心愿》等。散文《心愿》写于张爱玲中学毕业前夕，她用英文写下了这篇文章，表达了自己要在毕业后努力发展，为母校争光的心愿。《心愿》通篇用了比较轻松的语调和优美的语句，足见张爱玲当时对未来充满了信心。可惜，没过多久，她就遭遇了被父亲殴打和软禁的事情，一面是喷薄而出的才情，一面是歇斯底里的伤害，张爱玲所有的心愿都被一把大锁锁住，在那一间老房子中，她度过了人生岁月里最暗无天日的半年多时间。自由被剥夺，才华被禁锢，一个花季少女，在困难的磨砺中，顽强地坚持着，等待拨云见日的时刻。

桃李年华书传奇

被生活彻底地伤后,一些人变得更加坚强,一些人做了生活的俘虏。像张爱玲这般,被自己的亲身父亲暴打并关了禁闭,听起来有点不可思议。虽然她也有过极端的想法,希望天空呼啸而过的战机投下一枚炸弹,正好落在张家的院子里,那样她就可以和父亲及继母同归于尽。但她终究战胜了恐惧和绝望,于1938年初设法从张家宅子逃跑了出来,她的经历像极了一个传奇。几年后,她用手中的笔,书写了一系列传奇,也开启了自己的传奇时代。

经历过这些惊心动魄的时刻,张爱玲变得更加沉默,她需要一点时间来修复自己内心的伤口。1939年,在母亲的全力支持下,张爱玲考取了伦敦大学,却因为战争爆发,只能选择香港大学。初到香港大学读书的张爱玲,被香港的繁华震惊。阅尽繁华却没有一处与自己相关,她是极为冷静理智的人,知道自己的优势在哪里,也知道自己的人生航向是什

第四章 幽兰出世放异彩

么。她没有自怨自艾,也没有自暴自弃,而是俯下身段,潜心学习,因为她的理想是,做一个如同林语堂一般的人物,学贯中西,让自己的文字走向世界。为了学好英文,她向自己的短板较劲,她读一些纯英文的外国名著,同时用英文给姑姑和母亲写信,在刻苦磨炼中,张爱玲的英文水平与日俱增。她在沉默中蓄积着力量,期待爆发的时刻。

同年,上海的《西风》杂志社为庆贺创刊三周年发起了一次征文,征文的题目是《我的》。这本杂志在当时享誉中外,担任顾问一职的是非常著名的林语堂先生。此时的张爱玲,因处境不如意,有点懒洋洋的。但她终究还是心动了,投了一篇几百字的《我的天才梦》过去。不知她是冲着林语堂先生为顾问的原因,还是冲着高额的奖金而去,内里究竟我们不得而知,只知张爱玲的这篇投稿成了经典流传至今。"我是一个古怪的女孩,从小被视为天才,除了发展我的天才外别无生存的目标。然而,当童年的狂想逐渐褪色的时候,我发现我除了天才的梦之外一无所有——所有的只是天才的乖僻缺点。世人原谅瓦格涅的疏狂,可是他们不会原谅我。"(张爱玲《我的天才梦》)张爱玲破题出众,立意新奇,打破常规的实物描写,起笔就谈自己的天才之梦。紧接着交代为何会被视为天才,她讲了自己从三岁起的一系列"文学成就":三岁会动情地吟诵《泊秦淮》,七八岁就开始写小说，甚至还下了写长篇小说的决心。当读者正沉浸在她的文艺天才之中时，她却话锋一转，谈及自己在生活中的蠢笨，与那个天才的自己宛若两人，让母亲都为她痛苦不堪。读者正以悲悯的心情为她慨叹之时，她却轻快地转到自己对生活的享受方面——"我懂得怎么看'七月巧云'，听苏格兰兵吹bagpipe，享受微风中的藤椅，吃盐水花生，欣赏雨夜的霓虹灯，从双层公共汽车上伸出手摘树巅的绿叶。"（张爱玲《我的天才梦》）让读者有了恍然大悟的感觉，哦，原来她只是不愿意在打理生活方面劳心费力，那些窘迫的事情徒增了天才的可爱，并不曾影响她天才的形象，她能够享受极高雅的生活！"在没有人与人交接的场合，我充满了生命的欢悦。可是我一天也不能克服这种咬啮性的小烦恼，生命是一袭华美的袍，爬满了蚤子。"（张爱玲《我的天才梦》）文章以这样一句话结尾，她精确地概况出自己内心世界的丰富和与人交往的烦恼，用"华美的袍"和"蚤子"巧妙的比喻不曾圆满的人生，让人回味无穷，确实无愧于"天才"的名号！

张爱玲的天才梦在随后爆发的太平洋战争中搁浅了。战火在整个香港的上空弥漫，香港大学被迫停课。1942年，张爱玲怅然地告别香港，回到了上海。母亲常年在国外漂泊，姑姑成为她在上海唯一可以投靠的亲人。姑姑居住的爱丁顿

第四章 幽兰出世放异彩

公寓六楼便成为她的容身之所。公寓里住的都是小市民，每天都在柴米油盐酱醋茶中充实度日，张爱玲好奇地打量着这些居民，形形色色的人，林林总总的事，让她大开眼界。这些人，这些事，后来都有幸成为张爱玲笔下的文字。对于刚回上海的张爱玲而言，手头拮据是最大的问题。原本弟弟张子静从中协调，让父亲答应为她付学费，可是张爱玲在考入圣约翰大学两个月之后，便主动退学了。她向弟弟解释，学校没有好的教授，开设的科目她都不太感兴趣，不如回家自学。张爱玲辍学回家，挣钱养活自己成了头等大事，在她心底里，不愿意一直依靠姑姑生活。她对自己在写作方面的才华颇为自信，于是接着做起了天才梦，开始专注于写作，希望能卖文为生。

张爱玲自认为英语是她的优势，所以首先选择向英文杂志投稿。1942年，《二十世纪》刊登了张爱玲的一篇题为《Chinese Life and Fashions》的散文，可翻译为《中国人的生活与时装》，后被译成中文，更名为《更衣记》。这篇文章写得洋洋洒洒，把中国人的时装文化写得鞭辟入里，又诙谐幽默，让西方人对中国的时装演变有了深刻的了解。那些看似普通的衣服，在张爱玲笔下竟然像有了生命似的，都有了鲜活的语言。"在这一刹那，满街的人都充满了不可理喻的景仰之心。人生最可爱的当儿便在那一撒手罢？"（张爱玲《更衣记》）文末，张爱玲以一名卖弄自己车技的小男孩松开手从菜场间穿过的情形结尾，再次点题，以小男孩的率性比拟人们穿衣的勇敢和自由。《二十世纪》的主编对张爱玲的作品大为赞叹，此后连续刊登了张爱玲九篇文章。

  无数个夜晚，当星星眨着明亮的眼睛遥望人间时，总有一盏灯昏昏亮着。张爱玲时刻不停地写着，不管有没有人肯定她，她都必须在沉寂时做好准备，以便在机会来临时抓个正着。"请您寻出家传的霉绿斑斓的铜香炉，点上一炉沉香屑，听我说一支战前香港的故事。您这一炉沉香屑点完了，我的故事也就说完了。"（张爱玲《沉香屑·第一炉香》）她在寂静地深夜里，写着这样别出心裁的文字，并为它取了一个别致的名字《沉香屑·第一炉香》，紧接着她写了《沉香屑·第二炉香》。1943年，机会之神敲响了张爱玲的门，经人推荐，她拜访了周瘦鹃先生——当时著名的鸳鸯蝴蝶派作家。当张爱玲把《沉香屑·第一炉香》和《沉香屑·第二炉香》两篇小说的手稿呈现在周瘦鹃先生面前时，周先生惊喜过望，因为他主编的《紫罗兰》正需要这样优秀的文稿。《沉香屑·第一炉香》以主人公葛薇龙为主线，描述了她为了贪图物质享受，拒绝随家人回上海，为了留在香港，私自联系与父亲断绝关系的姑姑的事。她的姑姑是一个香港富豪的遗孀，坐拥豪宅和巨款，但她却为老不尊，喜欢年轻貌美

第四章　幽兰出世放异彩

的男子。姑姑为葛薇龙花钱是有条件的，葛薇龙必须按照姑姑的要求去引诱那些被她看中的男子下水。葛薇龙为了物质享受居然遵从了姑姑的要求。葛薇龙倾心的男子也被姑姑占有，可是她又不愿意为了爱情失去眼前荣华富贵的生活。"为了适应环境，她新生的肌肉深深的嵌入了生活的栅栏里拔也拔不出。""薇龙笑着告饶道：'好了好了！我承认我说错了话。怎么没有分别呢？她们是不得已的，我是自愿的！'"（张爱玲《沉香屑·第一炉香》）葛薇龙一直沉沦，直到姑姑把她嫁给喜欢的乔琪乔后，她以为得着了真爱，最后发现事实并非如此，她始终是别人利用的棋子。

这第一炉香，把香港的各色人等杂烩在一个大炉子里，借着不同的景色写出了不同人物的性格和命运，让人们在感慨之余，也为故事的结局哀叹不已。《沉香屑·第一炉香》和《沉香屑·第二炉香》一经在《紫罗兰》上刊出，便在上海滩引起了轰动。许多人不曾识得张爱玲本人，却都对这个名字有了深刻的印象。这个效果或许在张爱玲的预料之中，她并不希望自己的作品局限在一种杂志上，她希望更多的报纸杂志可以成为自己的阵地。于是她揣着《心经》的文稿和配图，敲开了《万象》编辑部的大门。当日接待张爱玲的是《万象》的主编柯灵，柯灵对张爱玲的文章倾心已久，现在张爱玲主动上门送稿，他自然是来者不拒。《心经》的故事情节并不复杂，它描述了年轻女孩许小寒爱上自己父亲的故事。二十岁如花的年龄，许小寒有许多爱慕者，可是她偏偏喜欢上自己的父亲。张爱玲把那种爱而不能得的苦闷描写得淋漓尽致。"她坐在栏杆上，仿佛只有她一个人在那儿。背后是空旷的蓝绿色的天，蓝得一点渣子也没有……这里没有别的，只有天与上海与小寒。"（张爱玲《心经》）张爱玲的笔端，总不缺乏孤独，像极了她自己的人生。为了报答柯灵的知遇之恩，张爱玲接着为《万象》杂志写了一篇《琉璃瓦》。

与此同时，张爱玲也为《杂志》供稿。她把《倾城之恋》和《红玫瑰和白玫瑰》等文稿投给了《杂志》。"这堵墙，不知为什么使我想起地老天荒那一类的话。……有一天，我们的文明整个的毁掉了，什么都完了——烧完了，炸完了，坍完了，也许还剩下这堵墙。流苏，如果我们那时候在这墙根底下遇见了……流苏，也许你会对我有一点真心，也许我会对你有一点真心。"（张爱玲《倾城之恋》）黄金单身汉范柳原与有过一次失败婚姻的上海小姐白流苏相遇，他们都心高气傲，不想向对方低头承认自己的感情。可是战争的爆发，让互不妥协的白流苏和范柳原看清了这份感情，这份他们争斗多时，都不愿向对方低头的感情。末了，范柳原在飞机的狂轰滥炸中折回浅水湾寻找白流苏。这份感情在张爱玲的手中被写得荡气回肠，跌宕起伏，每一处文字都扣人心弦，让人不忍停下，总想一口气读完。

张爱玲的写作状态堪称巅峰，她萌生了整理一本小说集的想法，并为其取名为《传奇》。《传奇》的诞生，似乎是张爱玲想为自己的作品做一个总结，她对前期写的作品进行了整理：《沉香屑·第一炉香》《沉香屑·第二炉香》《茉莉香片》《心经》《倾城之恋》《琉璃瓦》《红玫瑰与白玫瑰》等十几部作品被收集其中。1944年，《传奇》的问世，让张爱玲成为上海文坛的传奇，人们蜂拥而至，只为抢购一本张爱玲的《传奇》。等到《传奇》再版，张爱玲在序言中写下了这样一句话："出名要趁早呀！来得太晚的话，快乐也不那么痛快！"

同一时期，张爱玲还写了大量的散文，如《到底是上海人》《公寓生活记趣》《更衣记》《童言无忌》《私语》等，分别刊登在《天地》《杂志》等刊物上面，并于1944年，整理出版了散文集《流言》，其中收录了张爱玲大约三十篇散文。张爱玲的名气如日中天，突然有一日，一位笔名叫迅雨的人，写了一篇《论张爱玲的小说》的评论，把张爱玲发表于《万象》杂志的《连环套》从内容到手法毫不留情地批判了一通。这一评论，导致了《连环套》的夭折。当然，这一次评论，虽然令张爱玲内心不平，但并未影响她创作的激情。这个属于张爱玲的时代,她不会轻易放弃。

在文字这一方小小天地间,张爱玲是机敏的,普通的几个方块字,只要经过她的加工,便散发出非同寻常的味道。酷爱写作的张爱玲,对剧本也有独特的见解。1944年,张爱玲把小说《倾城之恋》改为剧本,竟也是好评如潮。1946年,张爱玲无心写作,她没有写出新的小说或散文。不过,她写了电影剧本《不了情》和《太太万岁》,这两部电影被导演桑弧拍成了电影。两部电影一经上映,便获得诸多赞誉,张爱玲自然也很欣慰。

1947年,张爱玲不仅经历着感情的痛苦,丈夫胡兰成弃她而去;也经历着作品被人质疑的压力,她甚至被扣上"汉奸"的帽子。一贯孤傲的张爱玲最终选择了沉默,她知道即使抗争也未必有用。1949年开始,因故人唐大郎与龚之方为《亦报》约稿,张爱玲便以"梁京"为笔名,开始了《十八春》的创作,这是一部连载的长篇小说。《十八春》之后,张爱玲又为《亦报》撰写了中篇小说《小艾》。但是,张爱玲那顶"文化汉奸"的帽子似乎总在有意无意间影响着她,加上张爱玲喜欢穿着一些张扬、有个性的奇装异服,在新中国成立后,这些似乎都成了大家争议的话题。张爱玲感到生命在枯萎,才华在衰竭,她必须换一种环境,重新开始。1952年,张爱玲决定离开上海,去香港发展。

曾经的荣耀，遗落在昨天；曾经的温情，滞留在昨天；曾经的豪情，淹没在昨天。张爱玲回首从香港回到上海的十年，起起落落发生了那么多事，认识了那么多人，写出了那么多的文章，演绎了那么多的故事，到最后，她还是孤身一人，黯然转身，再次踏上去香港的轮船。她不愿认命，她要如同空谷里的幽兰一般，如果被石头压住了身体，就换一种方式，以苍劲的姿态重新绽放！

及至天命笔不休

到过巅峰，入过低谷，才能体会人生的真味。张爱玲伤痕累累，她想离开上海。上海的所有人，所有事，都在提醒着她，她与胡兰成纠缠不清。胡兰成把一顶"文化汉奸"的帽子留给他，自己却逃之夭夭，任凭她在政治风雨里煎熬。她的心在狂风暴雨中颤抖，握笔的手也变得僵硬，她找不回当初的灵感。第二次来到香港，一切看着熟悉却又感觉陌生，孤身奋斗的张爱玲，只得先从翻译起家，人总要吃饱肚子才能考虑发展。她翻译了《小鹿》《爱默森选集》和《无头骑士》等。作为一名喜欢创作的天才作家而言，让她去翻译别人的著作简直就是一种煎熬，张爱玲自己也说，翻译这些著作就如同和自己不喜欢的人对话，可是为了生计，她又不得不做。

在翻译的同时，张爱玲始终不忘自己到香港的目的，来到这里就是为了追求写作的新高度，一切的隐忍都是为了

第四章 幽兰出世放异彩

明日的辉煌。初到香港，张爱玲没有其他熟悉的朋友，只把美国新闻处负责人作为自己的谈心对象。因为，是这位负责人给了她翻译的工作。当张爱玲把英文版的《秧歌》拿给这位负责人看时，得到了他的赞赏和肯定。有了别人的肯定和大力支持，张爱玲信心大增，很快就写完了《秧歌》，同时又写了一本《赤地之恋》。1954年，这两篇小说被连载于香港的《世界周刊》月刊上。《秧歌》的连载，引起了众多非议，有的人指责她歪曲了事实，有的人指责她带有政治色彩，但有更多的美国媒体对她给予了肯定，特别是身在美国的胡适先生，他称《秧歌》内容平实，写作手法非常有艺术张力，是难得一见的上乘之作。

相较于昔日的才华，今日的称赞又算得了什么？那时，佳作一篇接着一篇，可如今，她才思枯竭，再也蹦不出那些美妙的文字和动人的故事了。张爱玲自己也觉出了退步，没有新的作品，她只好拿旧的作品出来，重新包装并推出，她希望香港能再次成就她。于是，她把原来的《传奇·增订本》的内容翻出，并为其重新写序，改名为《张爱玲短篇小说集》，在香港重新刊印出版。随着小说集的出版，张爱玲在香港的文艺界渐渐出名，但她总不能一直吃旧饭吧？写不出更好的作品，无异于断了自己的后路，文思枯竭是文人的大忌。在香港待了三年，并没有期望中的东山再起，反而格外萧条，连生活都显现出窘迫。张爱玲于是决定再走一程，到美国去吧，那里有她最敬重的胡适先生。

漂泊的人生，总希望处处都有驿站，累了，困了，可以好好地休息。美国，成为张爱玲又一处驿站，又一个希望，她希望自己在这里可以一鸣惊人，再创辉煌。可惜，事与愿违。从1955年到达美国开始，她没有写出任何成功的作品，手中创作的英文小说《粉泪》始终没有得到认可，几易其稿还是被退了回来。在她到美国后的第二年，也就是1956年，她与65岁的赖雅结婚了。这一次婚姻，消磨了她所有的精力和才情。婚后，他们生活窘迫，四处流浪，赖雅又因为病痛需要照顾。

居无定所扰乱人的心智，生活匮乏折磨人的斗志，张爱玲不得不仓促地接写一些剧本，因为香港的邝文美夫妇能给她揽下剧本的活，因为丈夫赖雅能给予她指导，因为剧本能为他们带来收入。《人财两得》《桃花运》《六月新娘》《一曲难忘》等，都是根据别人的要求写的剧本，张爱玲并不十分满意。1961年，张爱玲虽然完成了《红楼梦》的剧本，却因为同行抢先拍摄而被搁置，之后又写了《小儿女》和《南北一家亲》，靠着这些收入勉强维持生计。1964年6月，张爱玲一直为其撰稿的香港电懋影业遭遇了颠覆性的灾难，包括老板在内的十多个公司高管遭遇空难，张爱玲为其写的剧本《魂归离恨天》无法拍摄，她靠写剧本为生的生涯至此中断。

朋友，始终站在她的身边，帮助她，鼓励她。电懋影业空难事件后，邝文美夫妇建议张爱玲写小说，毕竟那是她的专长。所以，张爱玲写了《怨女》，并于1966年开始在香港的《星岛晚报》上连载。这一篇小说让张爱玲在香港又一次走红，同时，邝文美夫妇还设法把《怨女》推荐给台湾皇冠出版社，在台湾也掀起了"张爱玲热"，张爱玲的旧作不断被翻新出版。对于这一切，张爱玲并不知情，她此时依然带着丈夫赖雅在美国的大学间辗转，做着驻校作家。1967年，张爱玲开始翻译《海上花列传》，同年，赖雅去世，张爱玲从此心无旁骛，全身心投入到写作当中。1976年，《红楼梦未完》、散文小说集《张看》被皇冠出版社出版。1977年，学术论著《红楼梦魇》被出版。张爱玲再一次成为公众人物，她的生活也因此改善。

从上海出走，是为了寻找人生新的高度，却不想在多年之后，关于她的作品从美国漂洋过海回到大陆。人已走远，作品却留着余香。随着港、台两地对张爱玲作品的追捧，20世纪80年代末期的大陆，也开始重新审视张爱玲和她的作品。尘封了四十多年的作品，又与广大读者见面了，这些闪着灵性的文字，再一次让张爱玲成为大众人物。

对于迟来的名与望，张爱玲淡然处之。她在这人间已无牵挂，唯一感兴趣的就是笔下的文字。《浮花浪蕊》《小团圆》《对照记》……她笔耕不辍，不愿休息。直至1991年，71岁高龄的张爱玲还在认真核对《张爱玲全集》。到了晚年，张爱玲便只顾关门写作，她对外界的一切都不再感兴趣。为了躲避人们的打扰和蚤子的打扰，她不停地搬家，她总感觉自己住的屋子里有蚤子，她幻想着那些蚤子总会在黑暗中偷偷地攻击自己。

1992年，不知道是不是预感到自己的大限之期将到，张爱玲突然立了遗嘱，并把它寄给了林式同，林式同是邝文美夫妇的朋友，受托照顾张爱玲在美国的生活。遗嘱上只有两句话，一句是：自己的全部遗产归邝文美夫妇；另一句是：遗体立刻火化，不要举行任何仪式。林式同只当是张爱玲又一个古怪的举动，并没有当回事。可是三年之后，张爱玲躺在租来的公寓里，悄悄地走了。聪明如张爱玲，早已勘破生死，她拼尽全力书写完自己的一生，在无数光环中淡然离世。

第五章 疾风劲草终归真

爱情如一粒种子,落在尘埃里,便长出一株翠绿的植物来;落在江河里,便如浮萍般随水而逝;落在沙漠里,便只能忍受着烈日的炙烤,风干了自己!所以,当张爱玲说:『遇见你,我变得很低很低,一直低到尘埃里去。但我的心是欢喜的,并且在那里开出一朵花来。』她是认定了这份感情是一粒可以发芽的种子,但她没有想到,种子所落之处,不是尘埃,不是江河,而是一片沙漠,瞬息万变的沙漠!

惺惺相惜恨见晚

有些事注定要发生，不早不晚，就那么巧。胡兰成刚从狱中被解救回家，正百无聊赖地翻阅报纸杂志。突然一段文字吸引了他的眼球："在大太阳底下，电车轨道像两条光莹莹的，水里钻出来的曲蟮，抽长了，又缩短了；抽长了，又缩短了，就这么样往前移——柔滑的，老长老长的曲蟮，没有完，没有完……摇铃了。'叮零零'，每一个'零'是冷冷的一小点，一点一点连成了一条虚线，切断了时间与空间。"（张爱玲《封锁》）胡兰成全神贯注地读着《天地》上这篇题为《封锁》的小说，一口气读完，又反复念叨着这些有趣的文字，他忽然对作者产生了兴趣，能写出如此曼妙文字的人，应该会是一个有趣的人吧？可是，看着落款处的"张爱玲"三个字，他又完全没有印象。《天地》杂志的主编苏青，是他的老乡，与他交情匪浅。胡兰成于是提笔给苏青写了封信，专问作者张爱玲的情况。

第五章 疾风劲草终归真

其实苏青与张爱玲也是初相识,1943年《天地》创刊,苏青是负责人,她便与名气正盛的张爱玲约了一篇稿,正是胡兰成看到的这篇《封锁》。苏青是个离异的单身女人,但是文采却颇高,张爱玲虽然性格孤僻,但对苏青却有着惺惺相惜的感情,所以认识时间不长,但两人交情却厚。忽一日,苏青邀张爱玲陪她去一趟周佛海家,说是为了帮一位名叫胡兰成的朋友求情,这是张爱玲第一次听到胡兰成的名字。胡兰成为什么会被关进监狱呢?是因为他摇摆不定的政治立场,先是为汪精卫摇旗呐喊,后看到汪精卫政府势力渐衰,又转投日本人为靠山。汪精卫自然大发雷霆,命人捕了胡兰成。为了解救他出狱,苏青才拉着张爱玲去找伪南京政府行政院院长周佛海说情。周佛海没起什么作用,倒是一个日本朋友出面协调了此事,所以没多久胡兰成便回到了上海的家中。

胡兰成也算是一位颇有才华、很有抱负的男人,可惜他出身寒微,没什么背景,又自负才高,总想处处表现自己,怎奈命不由人,步步坎坷,工作上一直没什么起色。后又遭遇发妻谭玉凤病亡,因无力安葬她,与亲朋好友们四处借钱,不料遭到了许多冷眼。胡兰成的价值观渐渐扭曲,他一心只求荣华富贵,不管正义与否。他在发妻去世后,曾经痛心地说过,今后无论碰到多大的灾难,碰到怎样的恩爱情义的割舍，他都不会再流一滴眼泪。因为，他幼年的眼泪还给了母亲，成年的眼泪留给了玉凤，他的心已近乎麻木不仁。胡兰成的遭遇确实令人怜惜，窘迫生活中的冷嘲热讽与张爱玲的经历极为相似，只是两人的出身不同，家族背景不同。

苏青也有着女人的小心思，她起初并没有过多地述说张爱玲的情况，无奈胡兰成几次三番地询问和要地址，她只得把张爱玲的住址告诉了胡兰成，并郑重告诉他，张爱玲可不是随便见人的人。估计苏青自己也没有想到，她成了张爱玲和胡兰成之间的牵线之人。翌日，胡兰成迫不及待地敲响了张爱玲所住的公寓之门，却如苏青所说，吃了闭门羹。张爱玲并没有给他开门，她对胡兰成实在不熟，又怎会轻易见面？男人有着天生的征服感，这样清高的女子远比那些俯首就擒的女人有着更高的挑战性，对于胡兰成这种早已把感情埋葬，只为图一时欢愉的男人来说，更加如此。他并不甘心，站在门外等了很久，也许从他内心而言，是希望张爱玲立刻为他开门的。可是，那扇门纹丝不动。胡兰成没有放弃，他写了张字条留给张爱玲，算是给自己一点希望吧。

很多事，并非偶然，冥冥之中，早有一种看不见的力量把他们推向一处，只为演绎一段缠绵悱恻的爱情故事。张爱玲并不知道胡兰成看到了《封锁》这篇文章，更不知道他对自己的作品赞赏有加。她在看到字条的落款时，才想起苏青

第五章 疾风劲草终归真

曾经提到过这个人。而她自己，似乎也很欣赏他的文章，感觉他也是个极有才华的作者。但是，这个人和自己并没有业务上的往来，也不相识，他此次到访究竟为何？与张爱玲同住的姑姑提醒她，胡兰成是个政治背景比较复杂的人，请她慎重考虑。但张爱玲却不以为然，看着字条上留下的地址，不知为何，她就想去见一下这个叫胡兰成的男人。

有的人经历过无数次感情，却不一定能够写得清楚；有些人从来没有谈过感情，却把感情描绘得淋漓尽致。张爱玲属于后者，她笔下写出无数个婉转缠绵的爱情故事，而她自己的感情却是一张白纸。当她走向胡兰成的家时，大约她并没有多余的想法，只是好奇于这个男人的文采和主动上门，可是，当她坐在胡兰成的客厅里，听他天南海北地侃侃而谈时，她的芳心突然萌动了，她被眼前的这个男人吸引，眼睛里全是柔情。胡兰成却对张爱玲有着别样的看法，因为他从看到的小说推测过文章的作者，他心里有个模糊的轮廓，可是当张爱玲真真切切地站在他面前时，不得不说，他的思绪万千。在他的脑海中，张爱玲应该有俏皮的美丽，青春洋溢。可是眼前的女子，却是瘦瘦高高的，一身随意的打扮，没有化妆，穿着一双另类的鞋子。单看外形，张爱玲属于毫不起眼的那类人，可是她身上透射出的那种冷艳，又让胡兰成无法逼视和割舍，终究她有着天才的禀赋，贵族的血统。

张爱玲的形象颠覆了胡兰成对美的看法,他从惊讶中回过神来,不动声色地与爱玲高谈阔论起来。这一谈就谈了七个多小时,夜色降临,张爱玲才依依不舍地离开胡兰成的家。朦胧的月色下,张爱玲的身影被灯光拉得又细又长,送行的胡兰成呢喃着:"你这么高,这怎么可以?"胡兰成这句话,让两人都陷入了沉默,话中的意思两人心知肚明。

那颗心如同荡漾的波纹,一圈一圈地映射开来,无法停下。张爱玲自己也觉察到不一样的感觉,她情愿坐在那里,静静地听一个人说那么长久的话,他说了什么并不重要,重要的是她喜欢看他说话的样子,喜欢听他说话的声音,喜欢坐在他身边感受内心的荡漾。她甚至期待着与胡兰成见面,对于自恃清高、又不善与人相处的张爱玲来说,这次是不一样的。第二天,胡兰成登了张爱玲的门,这一次,张爱玲爽快地拉开了公寓的门。张爱玲还是静静地听着,她很享受这样的时刻,胡兰成称赞了她在杂志上刊登的一张照片,张爱玲隔天便给胡兰成送了过去,照片的背面,她用娟秀的字体写下:"见了他,她变得很低很低,低到尘埃里。但她的心里是欢喜的,从尘埃里开出花来。"这是张爱玲对感情的回应,为了爱情,她宁愿让自己弯腰。

看到了她的低头,他并不安心,总是觉得哪里不太对劲。看到照片背面的话,胡兰成自然十分欣喜,但他内心到底多了一份忐忑不安。张爱玲有着骨子里的高贵和不俗的才情，经年累月的沉淀更让张爱玲显得腹有诗书气自华，也令众多读者倾倒；而他自己的身世却不值一提，文字才情又不可与张爱玲同日而语，为了生存又不得不昧着良心替日本人办事，他是局促的，对她却也是志在必得。胡兰成为张爱玲着迷，不是为她的外貌，而是为她那空前绝后的才华与从容淡定。张爱玲知道自己沉沦了，她陷在胡兰成的温柔里拔不出来，但她不确定胡兰成对她感情是否如她一般浓烈？她带着些许的不确定，与胡兰成说了明日不要再过来的话。这当然是女人陷入恋爱时的小性子，情场高手胡兰成怎能不晓得？他只当没有听到这句话，照样有空便到张爱玲的公寓报到，而且去得愈加频繁。

　　张爱玲深陷感情的漩涡，她明明知道胡兰成已经结了婚，还是忍不住与他交往。姑姑张茂渊曾劝过张爱玲，毕竟胡兰成比张爱玲年龄大了许多，有家室，阅历丰富，且政治名声不太好；张爱玲虽然文字才情俱佳，却很少与社会接触，缺少历练，她自然担心侄女在感情上吃亏。然而，张爱玲时年已经二十三岁，是个成年人了，姑姑只能相劝，不能强行阻止，在苦劝之后她只好放手。只是每次胡兰成来，她都会回避。胡兰成也许是懂得张爱玲的，他们有着极为相似的经历，都曾因为钱受过人的冷嘲热讽，都曾在外乡飘零，都曾以文墨为生,这一番相似的经历,让胡兰成说出的话总能点在张爱玲的心上。这个世界,从来不乏恭维你的人,缺乏的是真正懂你的人。张爱玲自认为胡兰成是懂她的那个人,所以她在给胡兰成的信中写道:因为懂得,所以慈悲。

迷失在爱河中的女人,眼里心里装满了朝夕相处的男人,哪还有什么理智可言?她们甚至可以为了爱与世俗的礼仪斗争。胡兰成与张爱玲的交往不再避讳别人,胡兰成只要回上海,就会直接去张爱玲的公寓。胡兰成给张爱玲讲述他可怜的前妻,讲述他曾经的苦难经历,这些赚足了张爱玲的同情和眼泪;张爱玲则给胡兰成讲述她的传奇经历,她从小到大生活的点点滴滴。在胡兰成面前,张爱玲恨不能把自己揉碎了给他看,让他看到切切实实的自己。只有爱,能让不健谈的张爱玲口吐莲花,说出许多妙趣横生的事来。胡兰成也只安静地听着,他理解这个急于表达的小女孩,是对这份感情投入了十足的信任。她与他,都无视世人的评判,毕竟胡兰成的家里,还有一位明媒正娶的妻子。

没有人愿意在生活里迁就,特别是在感情生活里。再宽容的女人,也不能接受自己的丈夫整日往别的女人处投怀送抱。应英娣,胡兰成的现任妻子,她原本是个歌女,嫁给胡兰成后准备安心做一个贤妻,可是她"妻子"的名头还没有捂热,就发现胡兰成总不着家。后来才知道,在上海,胡兰

第五章 疾风劲草终归真

成有了新欢。应英娣自然不愿意自己的丈夫被别人抢走，她与胡兰成百般周旋，可是结果却不如人意。她不愿意在一个对婚姻不忠诚的男人身上浪费青春，她知道，如果一个男人有朝三暮四的恶习，是不会在一个女人跟前待很久的，可是她又不甘心离婚。女人是矛盾的，即使对伤害自己的男人，还是存了幻想。但胡兰成眼下只想得到张爱玲，对应英娣百般冷漠，面对他的决绝，应英娣最终就范，主动提出离婚。胡兰成大概没有想到，应英娣如此刚烈，居然会如此决绝地抛弃自己。他从来都不认为，自己的滥情是错误的。等办完离婚手续，胡兰成便来到张爱玲处哭诉。或许，离婚不是他提出的，应英娣伤了他作为男人的自尊，又或许他是真的爱过应英娣，一朝失去还有些许不舍。总之，他在张爱玲面前嘤嘤哭泣，希望获得她的同情和安慰。

哭了许久，张爱玲也没有任何表示，她望着他，一动不动，任凭他在那里发泄。在深爱他的女人面前，为了失去的感情痛哭流涕，这让张爱玲情何以堪？胡兰成的泪，是为了他的前妻而流。张爱玲读不懂这些眼泪的含义，是不舍？还是悔恨？他的哭泣像一把锯子在张爱玲的心上来回拉扯，时刻提醒张爱玲，他曾经爱过别的女人，她不是他的唯一。虽然张爱玲深爱胡兰成，为了他可以低到尘埃里；虽然张爱玲不谙世事，为了爱情可以不顾礼义廉耻；虽然张爱玲不介意他曾经的过往，可以接受他的一切；但她绝不会宽容到慈悲他生命里的另一个女人。这份感情，应该被翻篇，而不是没完没了地诉说。没有张爱玲的回应，胡兰成的表演也就无趣，他收回了自己的眼泪。

没有婚姻的束缚，胡兰成更有了腻在张爱玲身边的理由。自然，张爱玲也很喜欢这样的生活。张爱玲像所有坠入爱河的女孩，只看到眼前的胡兰成万般好处，没有一丝一毫不妥。她爱极了胡兰成的眉眼额头，她喜欢用手轻轻地划过他的双眉，抚弄他的头发；她也喜欢胡兰成嘴角的酒窝；她喜欢静静地欣赏胡兰成工作的样子。在张爱玲的眼中，胡兰成仿佛完美无瑕，令她崇拜得五体投地，愿意用今生去相守。是该考虑一下结婚的事了，毕竟两个人水乳交融，彼此都很欣赏对方。1944年8月，胡兰成与张爱玲私下里结为夫妇，没有结婚仪式，没有亲朋好友祝贺，没有丰厚的彩礼，只有两个证婚人——炎樱和胡青芸，一个是张爱玲的好朋友，一个是胡兰成的侄女，还有一张婚约——张爱玲拟了上句：胡兰成与张爱玲签订终身，结为夫妇。胡兰成则回应：愿使岁月静好，现世安稳。张爱玲在胡兰成的承诺里与之结为连理，却只享得一时安稳，半世飘零！

第五章 疾风劲草终归真

沧海桑田何曾圆

谁都不曾料到,在喜悦的背后,藏了暗黑的影子。

1944年,对于张爱玲而言,简直就是多喜临门。从作品方面来说,先是小说集《传奇》第一版在短短的几天时间内发售一空;接着《传奇》再版;同年底散文集《流言》也被华丽地推出。张爱玲瞬间成为上海滩乃至全国文坛闪耀的新星,而且大有摧枯拉朽、迅速走红的架势。从收入方面来说,诸多作品的问世,改善了她的经济环境,从此告别拮据的生活,可以随心所欲地打扮自己。从感情方面来说,她与心爱的男人胡兰成终于走进婚姻的殿堂,定了终身。张爱玲如今是很多青年男女心中的偶像,可她却甘愿为胡兰成一人低头。胡兰成随口一赞她脚上的鞋子,她便像讨好般每日就挑那一双鞋穿。胡兰成给她零花钱,她也欢欢喜喜地接受,觉得比起花母亲的钱来,花自己心爱的男人的钱更为合理。她的脑海里、眼里、心里除了文字,便只剩下胡兰成。可是，她忘却了，胡兰成曾是汪伪政府的幕僚，现在又是日本人的喉舌。在政治的风雨飘摇中，注定他们的婚姻聚少离多；她也忘却了，胡兰成曾经有狎妓的恶习，曾经在婚姻里出轨，抛弃过别的女人。这样一位有过前科的男人，怎么能够给她一世安稳？

1944年，对于张爱玲而言，是噩梦之始。那一年，汪精卫在日本治病期间病死，抗日战争运动进入最后的反攻阶段，汪伪政府岌岌可危，日本军队在中国的战争中节节败退。以汪伪政府和日本人为靠山的胡兰成殊死挣扎，南京是无论如何不能待了，他托关系谋到了去武汉《大楚报》主持工作的机会。为了胡兰成的安全，张爱玲忍着不舍，与胡兰成依依惜别。离别时，两人深情款款，发誓把对方放在心中，永不相忘。胡兰成走了，也带走了张爱玲的心，她心心念念牵挂着远在武汉的胡兰成。特别是在接到胡兰成写给她的信时，更加重了她的忧心，胡兰成在信中写道：他初到武汉，就遭遇了飞机轰炸，眼看着一枚炮弹在眼前落下，脑中一片空白，他顺势扑倒在铁轨旁，口中喊着"爱玲"！读到此处，想来张爱玲的心会一阵紧缩，恨不能立刻飞到胡兰成身边，与他相守。

一个人的牵肠挂肚，并不能换来两个人的情真意切。就在张爱玲日夜为胡兰成的安危焦心时，胡兰成却在武汉风

第五章 疾风劲草终归真

流快活地度日。《大楚报》的编辑部在汉口,只有工作的地方,没有宿舍,胡兰成一行四人便被安排在汉阳医院的空宿舍里,隔壁就是医院的护士宿舍。胡兰成任社长,同行的沈启无做副社长,他们四个每天都往返于汉口和汉阳医院之间。这一来一返的空档,胡兰成便注意到一位年轻的护士。这个女孩名叫周训德,长得并不十分漂亮,却有着逼人的青春。刚刚十七岁的她,穿着蓝色的旗袍,在初冬的寒风里显得单薄而柔弱,却丝毫不显地瑟缩,反倒映衬出她的文静素雅。有时候,天空里飞过轰隆隆的战机,所有的人就会跑出屋外,看看情形。借着这样的机会,胡兰成问到了女孩的名字。

护士们都称周训德为小周,小周的父亲原本是汉阳一家银行的职员,可惜得病早亡。小周的母亲,是父亲的小妾,原本只是在家照顾孩子,没有工作。丈夫过世后,为了照顾三个子女,只好在汉阳医院谋得一份清洁工的工作,工资不是很高,只够勉强养家糊口。小周是家里的老大,她不忍看着母亲一个人辛苦劳作,便主动退学,托人在汉阳医院当起了产科的见习护士。因为是见习生,并没有工资,只在外出接产时才能领到微薄的补助,懂事的小周自然不怕辛苦,不论任何时候让她出去接产,她都会毫无怨言地接受。小周那么年轻,干起活来却任劳任怨,这让胡兰成颇为动心。

未经涉世的人，怎斗得过在情场里泡久了的人？何况他还是一个满腹诗书、满嘴甜言蜜语的人？胡兰成是铁了心要把小周据为己有，他常常把报社的工作安排给别人，自己跑到医院去找小周。像当初和张爱玲聊天一般，给小周讲他的遭遇，讲关于他的故事。甚至在节假日，带着小周去登黄鹤楼，钻月牙湖的荷花塘。小周渐渐地对胡兰成有了好感，所以当胡兰成提出要教她诗词歌赋时，小周爽快地答应了。胡兰成教小周的第一首诗是《桃花歌》："桃叶映红花，无风自婀娜。春花映何限，感郎独采我。……"不知道年轻的小周听到这首描写男欢女爱的诗歌时是什么样的心情，唯见胡兰成别有用心，选了这么一首诗来教小周。他后来又教了小周一首隋乐府："春江水沉沉，上有双竹林，竹叶坏水色，郎亦坏人心。"眼见得小周乖巧可人，像极了当初的张爱玲，胡兰成越看越喜欢，他乘机向小周要照片，还要求小周把刚学的隋乐府写在照片的背面。

副社长沈启无虽然也在为日本人做事，但他在生活作风方面却很好。他见小周去胡兰成的宿舍越来越勤，实在看不过去。于是找了个空，善意地提醒小周，胡兰成已经结婚，劝她不要辜负自己的青春，爱错了人。天真的小周，居然把沈启无的劝诫向胡兰成和盘托出。胡兰成听后恼羞成怒，直骂沈启无没有道德，太过卑鄙龌龊！他转而向小周求婚，熟

第五章 疾风劲草终归真

料小周却不答应了,年龄的差距是她犹疑的原因,另外一个更为关键的问题是,小周的母亲曾经是妾,她不愿意再步母亲的后尘。胡兰成早已对小周垂涎已久,怎会轻易放过?他把张爱玲抛在脑后,答应了小周的要求,与小周举办了婚礼。

每一封滚烫的信,就仿佛一颗思念的心,翻阅千山万水只为表达伊人的思念。张爱玲一封封地往武汉写信,可是那些信如石沉大海,再无回音。这些信,都被胡兰成随手丢在角落里,不曾开封。胡兰成的世界里,早已把张爱玲剔除,他每日只顾与小周缠绵,享受着眼前的快乐和幸福。望眼欲穿的张爱玲,不知道胡兰成究竟出了什么事,只好写信给同他一起去武汉的沈启无。沈启无又能如何?因为提醒小周的事他早已被胡兰成骂得狗血淋头,如今,他唯一能做的,就是把张爱玲写给他的信原封不动地转给胡兰成,至于结果如何,他无能为力。他只是私下里替张爱玲惋惜,那么有才华的女子,偏偏选择了这样一个不负责任的男人。

冷清,还是冷清,写过婚约,却不能同相爱的人厮守,这倒让张爱玲有一丝怅然。1945年的春节,胡兰成留在了武汉,守着他刚满18岁的小新娘。张爱玲在公寓的阳台上出神,这里曾经是胡兰成最愿意光顾的地方,到处都留着他的味道,可如今他就像一只断线的风筝,离她的视线越来越远。过完年,胡兰成总算出现了,没有期盼中的久别胜新婚。张爱玲质问胡兰成,为何不给她回信?胡兰成顾左右而言他,说自己能活着回来就已不易,还谈什么回信?涉及性命攸关的事情,让张爱玲停止追问回信的事,转而担心起胡兰成。事实上,胡兰成此次回上海,并不是因为思念张爱玲,而是为了保全自己的性命。汪精卫死后,陈公博成为汪伪政府的当家人,陈公博对胡兰成很看不上眼,甚至下令处死胡兰成。胡兰成此番回上海,正是为了向陈公博求情,让其对他网开一面。事情办妥后,胡兰成便又有了去武汉的想法。张爱玲一再挽留,胡兰成便开始与她谈起了小周。

也许爱真的能让人迷失,情愿活在童话里,不愿去寻找真相。这个叫小周的女子,成了胡兰成绕不开的话题,张爱玲起先并没有介意,男人喜欢看年轻漂亮的姑娘,那也是人之本性。只要胡兰成守在自己身边,天下便再没有令他再牵挂的人。可是,时间久了,张爱玲才发现,胡兰成的心似乎跑远了,不关心她穿了什么鞋子,写了什么小说,只是一味地同她分享武汉的生活,小周似乎占据了胡兰成的所思所想。但,胡兰成不解释,张爱玲也不愿多问,毕竟她自己是名门之后,如今又是上海滩炙手可热的作家,她有着相当的自信,觉得胡兰成绝不会为一个小护士而背叛自己。也许,胡兰成是故意的吧,他一直把张爱玲说过的一句话当真,

第五章 疾风劲草终归真

"你以后就是在我这里来来去去也可以",这句话赢得胡兰成的高度赞叹。他也很得意,那样一个高傲的女子,居然在自己面前毫无底线地祈求感情。

变了的心,无论如何是留不住的,他的魂已经跑了,徒留身体有什么用呢?两个月后,胡兰成以自己的安危为借口,再度离开上海,回到武汉,与小周情意绵绵,共度良宵。可是好景不长,1945年8月,日本无条件投降,武汉被解放。一干亲日分子和汉奸被揪出,有的被处死,有的被判刑。胡兰成在汉奸中地位比较卑微,没有被列入第一批抓捕名单。于是胡兰成撇下小周,改用张嘉仪的名字趁乱逃走了。他决定先去浙江诸暨老同学斯颂德家躲一阵子。斯颂德,是胡兰成的中学同学。斯家在诸暨曾是名门望族,胡兰成年轻时因失业无处可去,曾在斯家住过一段时日。他受到斯家的款待,可是却不改风流的习性,已经婚育的他竟然打起斯颂德妹妹的主意。事情败露,斯家人委婉地把胡兰成送走。如今,胡兰成厚着脸皮又到斯家避难,斯颂德倒是没有一口回绝,只是心中有所担忧,诸暨交通发达,耳目众多,万一有人透漏汉奸胡兰成藏在斯家,岂不是要无辜受牵连?就在斯颂德左右为难时,一位姨太太站出来帮他解了难题。

这位姨太太是斯颂德父亲的小妾,名叫范秀美,当年为给病重的老爷冲喜而娶了她,不料还未入洞房,斯老爷就撒手西去了。老爷去世后，范秀美克尽本分，守在斯家，现在虽已四十多岁，长相却很清秀。看到落难的胡兰成无处可躲，斯颂德又比较为难，起了仁慈之心，决定带他到自己的娘家——温州去躲避一阵，那里比较偏僻。范秀美一番好意，胡兰成却别有用心。去往温州的路上，胡兰成极尽花言巧语，终于说动范秀美的芳心，两人在温州结为夫妇，过起了郎情妾意的生活。至于武汉的小周、上海的张爱玲，早被他踩在脚底，忘得一干二净了。

  张爱玲听说武汉解放了，胡兰成逃走了。张爱玲也听说，胡兰成在武汉与小周结婚了，胡兰成逃到诸暨，又逃到温州与范秀美结婚了。张爱玲只不信，她的小说集命名为《传奇》，她的散文集命名为《流言》，她只当这些闲言碎语是动乱岁月里令人向往的传奇和茶余饭后的流言。可是，志忐的心终究还是无处安放，她想去看看，在处处危机中，胡兰成到底过着怎样的生活？1946年2月，张爱玲抛下一切，去温州寻找胡兰成。那一路，张爱玲思绪万千，她无心浏览风景，只觉得山里、水里都是她的胡兰成，她急切地想要见到他。可是，当她风尘仆仆地出现在胡兰成面前时，胡兰成没有惊喜，没有拥抱，反而一脸的惊讶和嫌弃，张口便训斥她为何要来这里？

  张爱玲百般委屈无处诉说，只得先在附近的旅馆住下。

第五章 疾风劲草终归真

胡兰成把张爱玲安顿好之后便走了,没有在旅馆留宿。随后的几日,胡兰成也只是白天过来,晚上回去,从没留下来陪张爱玲过夜的意思。不知道胡兰成是怎么向范秀美介绍张爱玲的,范秀美见了张爱玲不曾有任何尴尬,她还偶尔陪胡兰成到旅馆看望张爱玲。有一次,胡兰成在旅馆陪张爱玲说话,可是忽然间肚子疼得无法忍受,但他一直强忍着,没有和张爱玲说。等他看到范秀美进来,才转过头对范秀美说自己肚子不舒服。张爱玲心口一疼,难道那些流言是真的?张爱玲觉得范秀美有一种古典美,温柔如水,就张罗着给她画起了素描,可是,她到底没有画完,凭着她敏锐的艺术嗅觉,她发现范秀美的一颦一笑、举止神态里都透着胡兰成的气息。若不是长久地生活在一起,又怎会如此相似呢?张爱玲叹息一声,放下了手中的画笔。

即使低到尘埃里,开出花来,还是没能留住那一颗心。滥情的男人,处处留情,处处花开,最终辜负了张爱玲一片痴情!张爱玲没有问胡兰成和范秀美的关系,她只要胡兰成在小周与她之间做一个选择。她的意思,只要他回头,她可以不计前嫌,重新来过。张爱玲的内心该有多么痛苦,为了爱情,她低下了高贵的头,无视自己的自尊,只为能换来胡兰成的幡然悔悟。然而,胡兰成顾左右而言他,不做正面回答。但张爱玲这一次是铁了心要一个结果,要么重归于好,要么从此决裂。"这件事要请你选择,就当我无理也罢。"张爱玲依然要胡兰成一个答案。平日多语的胡兰成,此时却无论如何不再开口。

"结婚当日,你在婚帖上写现世安稳,现在你不给我安稳了?"胡兰成便只是不开口。张爱玲心中痛楚,可还是在温州停留了二十多天。不知道她是不是想等胡兰成一个爽快的答案?还是等待着胡兰成能被感化?可是,二十多日过去了,胡兰成对这个话题始终避而不谈,反倒时时催促她快点回去。张爱玲忍无可忍,终于决定独自回上海,但张爱玲到底放不下胡兰成,他毕竟是自己青春年华里第一个真正爱过的男人,他们之间依然保持着信件往来。

张爱玲走后不久,胡兰成又想起了小周,他便抛下范秀美潜回武汉。他到武汉才知道,小周因是汉奸老婆,已被抓捕。胡兰成既心疼小周,又不能在武汉久留,只得折返诸暨斯家,以写《武汉记》的方式来思念他心中的小周。时局紧张,他不敢在一个地方长时间停留,所以过了一阵,他又离开诸暨,去往温州。途中经过上海,忽而想起了张爱玲,便去探望。张爱玲没有拒绝,胡兰成此番归来,只和她说了两件事,一件事是他和范秀美结婚了;一件事是他写了一本《武汉记》。胡兰成随后掏出随身携带的《武汉记》让张爱玲品读。没读几页,张爱玲只看到字里行间处处透着小周的

第五章 疾风劲草终归真

影子,她的心已然开始滴血,这赤裸裸地挑衅,摆明了胡兰成对自己的不在乎。一夜无眠,第二天早上胡兰成与张爱玲告别时,张爱玲忽然抱住他,低低地喊了一声"兰成",便泣不成声。

当日,一对红烛,一纸婚约,拉开了人生美好的序幕;如今,一声叹息,两行清泪,却以这般凉薄的结局收场。胡兰成丢下哭泣的张爱玲,义无反顾地踏上了去温州的路途。在他心里,名与利始终是第一位的,他要保住性命,继续钻营。他没有料到,这次见面竟成了他和张爱玲的最后一次见面。1947年,张爱玲给胡兰成写了一份信:"我已经不喜欢你了。你是早已不喜欢我了的。这次的决心,我是经过一年半的长时间考虑的,彼时惟以小吉故,不欲增加你的困难。你不要来寻我,即或写信来,我亦是不看了的。"张爱玲随信寄了三十万块钱过去,算是交割清楚、永不瓜葛的意思。张爱玲这一场轰轰烈烈的爱情,凄婉落幕!

慈悲放手得真爱

转身,是对自己的保护;放手,是对双方的慈悲。张爱玲在纠结了一年多后,终于做出了与胡兰成分手的决定。可是,张爱玲一语成谶,她曾对胡兰成说:"我想过,我倘使不得不离开你,亦不致寻短见,我将只是萎谢了。"胡兰成不仅带走了她的感情,带走了她的才情,也带走了她高贵的身份。那一年,张爱玲的确"萎谢"了,她既没有写出什么新作品,也没有在政治斗争中独善其身。胡兰成的汉奸身份,给她带来了政客、文人的攻击和谩骂,毕竟她曾是汉奸的妻子。她默默忍受着生活赐予的一切,想要寻找机会重新站起来。

摔倒是多么容易的事情,可是站起来却需要勇气和拼尽全力。文学界的人对张爱玲有褒有贬,但因为她被冠以"汉奸文人"的头衔,所以在1946年之后的几年,她在上海的发展举步维艰。虽然也有人找她约稿、合作,写一些剧本,长篇连载小说，但她自己深深感觉到，已没有前两三年的激情与创作动力。加上人们的评论和批判，她甚至有点畏首畏尾，发表文章都借用"梁京"这个笔名，不愿意以真名字示人，她也不知道接下来该怎么办？还有一个难题困扰着她，收入骤降，她真正体会到"由俭入奢易，由奢入俭难"。这个时候，即使吃一个包子，都成了奢侈。那一日，张爱玲突然想吃包子，姑姑没有出去买，答应了给她做。可是，家里没有菜和肉做馅，只有一罐芝麻酱，姑姑便以芝麻酱做馅，用不曾发酵的面做皮，蒸了一锅硬硬的包子。一口咬下去，不是美味多汁、鲜香可口的味道，而像一张啃不动的老树皮。即便如此，姑姑张茂渊还是心满意足地说好吃。张爱玲自然也附和着说好，可是却转过脸去，偷偷抹掉了眼泪。因为穷，她们只能以此为食。

贫穷和事业的不如意，令张爱玲萌生了离开上海，到外面寻找发展机会的想法。促使她下定决心离开的，是1950年7月24日至30日，上海第一节文艺代表大会的召开。这次会议，张爱玲受邀，她斟酌许久之后以"梁京"的身份参加，与会人员除了谈论文艺，还谈论政治，充满着浓厚的政治色彩，这让张爱玲感觉到隔阂。大会主席夏衍被任命为上海人民剧院的院长，同时兼任上海电影剧本创作所所长，因为夏衍特别认可张爱玲的才华，便提议让张爱玲到创作所当编剧，可是消息还没有对外宣布，就引来无数非议，说来说去，还是张爱玲的政治立场问题。张爱玲心里清楚，上海，这座她最喜欢长久居住的城市，已经无法给她一个安定的容身之所，唯有割舍，才有出路。她先是去了香港，后又辗转去了美国。

一路奔逃，一路停顿，一路追求，不是因为懦弱，只是想找一个突破口，一个让她可以再创辉煌的突破口。

美国，并不是张爱玲刻意的选择，可能冥冥之中，真的有命运之手在安排吧。因为在这里，她将邂逅生命中至关重要的人。张爱玲之所以决定去美国，基于两个原因，一个是她所崇拜的作家胡适先生在美国，《秧歌》在美国出版时，她曾寄了一本给胡适，胡适先生不仅给她回信点评，还对她的作品高度赞赏，她希望能够依止在胡适身边，对她的习作大有帮助。一个是美国颁布的难民法令，让她有机会成为美国公民。胡兰成伤她最深，中国的政治让她迷茫，上海她是无法回去了；香港又没有多少人脉和机会；也许，像母亲一样远涉重洋，是她的宿命吧。

初到美国，张爱玲便去拜访了胡适先生，第一次是拉了炎樱一道去的，但是炎樱却说胡适先生不如林语堂先生有名。所以第二次便是独自一人去拜访了。胡适先生很热情地帮助着张爱玲，感恩节时怕张爱玲一个人发闷，胡适先生特

第五章　疾风劲草终归真

意打电话约她去中国饭馆吃饭；抽空帮助她点评著作；还专门到她的住处去探望她。张爱玲对那一次到访记忆深刻，因为住在女子宿舍，只能把先生请到客厅里坐。张爱玲没有想到，客厅里面光线非常暗，而且特别大，中间一个讲台，讲台上放着一架钢琴，台下则随意摆着一些旧沙发。她也是第一次来这里，看到这些只能尴尬地笑着。可是胡适先生却不停地说这地方真好，等说完话往出走的时候，他一面四处看着一面还是说不错。张爱玲从先生的话中感觉到真诚，没有一点敷衍的感觉。所以，张爱玲当时就想，还是我们中国人有涵养。

生活的草稿可以有无数种可能，然现实却只有一种。

张爱玲在美国东山再起的希望越来越渺茫，她到美国一年多，不仅没有写出更好的作品，连生活都成了问题。这样下去，势必要耗尽她所有的精力。权衡左右，张爱玲决定向麦克道威尔文艺营提出申请。麦克道威尔文艺营是美国作曲家麦克道威尔的妻子于1907年创办的，其宗旨是要给那些生活窘迫的有才华的艺术家提供无偿的帮助，让他们实现自己的理想。不过，每个申请人必须在申请中写清楚需要帮助的起止时间，以方便更多人得到帮助。我们不知道，提笔写申请的张爱玲内心是何种滋味，但见她在申请中写明要在1956年3月13日到6月30日期间居住在文艺营安心写作。为了生存，她终究还是低了头，不过，这一次的低头，遇见了她余生的爱人。

琐屑和磨难，不过是披了一层磨人的外衣，只要有人无所畏惧，就能看到被它们裹挟下的甜蜜和幸福。

张爱玲的申请被通过了，她一路颠簸来到了坐落在山谷的文艺营。张爱玲环视着这个神奇的所在，山谷里空气清新，幽静雅致，风景优美，房舍林立，相互独立，确实是一个理想的创作之所。她在这里分到了自己的工作室。白天的时候并没有什么人出来活动，一到黄昏，文艺营中的艺术家们便会聚在一处高谈阔论，针对自己的领域发表各自的看法。张爱玲天生不喜欢与陌生人攀谈，她对这样的聚会本没有什么兴趣，但是这是一个了解美国文化的机会，也是派遣寂寞的一种方式，她便选一个角落，当一个安静的听客。当所有人都在卖力地表现自己时，安静的那一个倒成了引人注目的对象。在其中一次聚会时，一位年过花甲的老者主动过来和张爱玲搭讪。这位老者，便是张爱玲的第二任丈夫——赖雅。

赖雅，全名是普德南·赖雅，曾是美国二十世纪初期著名的诗人和剧作家，毕业于哈佛大学。他有过一次长达8年的婚姻，育有一女，名叫菲丝。因夫妻双方都不喜束缚，选择离婚。从此以后，他便获得了期盼中的自由，手头宽裕时

第五章 疾风劲草终归真

就满世界游历；手头拮据时就写点文章赚稿费。他在欧洲做过报刊记者，也在好莱坞做过编剧。他天性喜欢自由，热情仗义，对朋友慷慨解囊，出手阔绰。所有的任性都会付出代价，年轻时不懂得储蓄和爱惜身体的赖雅，在1943年摔断了腿，且发现有轻微中风的症状。自此，他的生活状况不容乐观，身体状况也不断出现问题。赖雅实在无法自食其力，所以请求麦克道威尔文艺营的帮助。也许他也没有想到，在这里会邂逅他的第二春。

孤独，是两个人相处的推手。在陌生的国度里，陌生的人群中，陌生的语言里，突然有一个人可以像相熟的朋友一般，与你打开心扉畅谈，那是多么惬意的事啊。就在那个黄昏，在大家的嘈杂声中，赖雅轻轻地走到张爱玲旁边，很自然地与她攀谈了起来，语调柔和，满脸微笑，简短地介绍了自己，幽默诙谐地谈起了文艺。张爱玲跟着笑了起来，对于这个高大的男人，她没有面对陌生人的局促和恐惧，反而热切地回应着，想要了解他的更多事情。他毫不隐瞒自己的困窘，也不因此难过，他只是轻描淡写，但又非常真诚地告诉张爱玲，除了会写文章，他一无所有，而且他的文章并不是很畅销。不知道为什么，第一次相见，张爱玲就对赖雅生出了信任，他的身上似乎有一种魔力，吸引着她，让她毫不怀疑。

从上海到香港，从香港到美国，她不停地辗转，想要活出别样的姿态，可是，生活终究没有听见她在深夜里撕心裂肺的呐喊。在美国，从救济宿舍到文艺营，她依然茕茕孑立，孤独地在旅途中爬行，她写的文章一次又一次被出版社退回，改了又改，还是不符合要求，她不知道目的地在哪里。张爱玲真的好累好累，她好想找一棵大树依傍，抛开一切，痛痛快快地休息一场。张爱玲的身边，连一个能说话的人都没有。每当她想诉说，便拿出纸笔，写给远在香港的邝文美夫妇，一封信飘啊飘，等他们回过信来，她要诉说的事早就时过境迁，错失了对话的时机。她把悲伤和喜悦、忧愁和难过，统统压抑在沉默里。现在，赖雅就站在她身边，他用柔和的语言与她交谈，用充满善意的眼神望着她，用慈父般的温暖融化了她。她很确定，这是她喜欢的感觉，她向他敞开了自己的心扉。

自私的人，总在关心自己的感受；无私的人，总在替别人着想。赖雅，应该属于后者。在与张爱玲相谈的过程中，他不会一味地凭着自己的感觉，滔滔不绝地谈论。而是会随着张爱玲的节奏和反应，调整自己的话题。他知识渊博，阅历丰富，内心又装满了柔情；他低调不张扬，也没有高高在上的炫耀。同时，他也毫不掩饰对张爱玲的欣赏。在他眼中，张爱玲静如处子，目光深邃，有着东方女人特有的文静典雅和神秘之美。他被她吸引了,那颗喜欢自由、到处游荡的灵魂,突然愿意为眼前的女人停靠。两情相悦时,又何必千言万语?彼此一个眼神,就似相识了千年万年。张爱玲与赖雅,彼此都明了对方的情谊,每到黄昏,便约在一起,谈论文学,谈论人生,他们的关系更进了一层。

  愉悦的时光倏忽而过,赖雅在麦克道威尔文艺营的期限到了。张爱玲害怕离别,却又无法阻挡。值得庆幸的是,赖雅已经申请到耶多文艺营的居住权,这样他们还可以保持书信联系。分别的那日,张爱玲亦步亦趋地跟在赖雅身后,不知去往车站的路上,她是否想起了胡兰成。在张爱玲公寓的阳台上,胡兰成与她闲谈:"将来日本战败,我必难逃一劫。只能隐姓埋名,东躲西藏。"张爱玲娇嗔地应到:"那时你变姓名,可叫张牵,或叫张招,天涯地角有我在牵你招你。"结果,新婚一别,她的胡兰成便不再属于她,无论她怎样牵他招他,都无济于事了。这一次,她又要送别赖雅,不知是否因为对未来的不确定,让她更加珍惜相处的时刻,她一定要亲自送他到车站。站台上,张爱玲把一些钱塞在赖雅的手中,殷殷叮嘱他一定要照顾好自己。又一次,张爱玲亲自送走了心爱的男人,只不过,这一次,他们之间没有承诺,没有约定。这恼人的离别,叫张爱玲如何应对啊!

相知相守苦亦甜

因为爱过,所以慈悲;因为懂得,所以宽容。

当赖雅乘坐的列车呼啸而过,张爱玲挥了挥手。赖雅不提,她亦不会多问,短暂的相处,于他而言,究竟意味着什么?如果他们只是彼此生命中匆匆的过客,那这一别,便成了永生。不久之后,张爱玲在文艺营的居住期限也到了,她也搬离了文艺营。可是,张爱玲内心极为矛盾,每一个黄昏降临,她都会想起赖雅,想起他给的温存。张爱玲内心煎熬了两个多月后,她突然发现自己怀孕了。那一刻,她分不清是喜是忧,赶紧提笔给赖雅写信,告诉他自己怀孕的消息。她的心七上八下的,像是在等待别人的审判。很快,赖雅便回了信,字里行间满是对张爱玲的思念之情,他说愿意娶她为妻,唯独孩子的事情需要从长计议。一个酷爱自由的男人,风烛残年之际,却肯为一位异国的女性套上婚姻的枷锁,可见他是动了真情。得到赖雅的回应,张爱玲按捺不住

第五章 疾风劲草终归真

急切的心,她立刻动身前往萨拉托卡泉镇。此时,赖雅在耶多文艺营的居住期限已到,搬到了萨拉托卡泉镇。无论如何冷静理智的女人,碰到爱情,都会变得疯狂。

当赖雅看到张爱玲风尘仆仆地站在自己面前时,他心花怒放。他忍着激动,庄重地向张爱玲求婚。两颗彼此欣赏的心终于融在一处。可是,张爱玲腹中的孩子该如何处置呢?赖雅剖析了他们两个目前的处境,居无定所,经济困难,自己的年龄已高,健康还出过问题,实在没有多余的精力和金钱去抚养孩子。张爱玲其实也清楚他们的困境,在孩子和爱人之间,她只能选择其中的一个,她更在乎赖雅,她愿意尊重他的决定。对于赖雅的决定,张爱玲并没有埋怨,她有过孤独的童年,有过破裂的家庭,有过失败的婚姻,她更清楚自己要的是什么。另一方面,从小到大,她承受了太多的磨难,也许,她是不愿意自己的孩子再到人间受苦吧。也许,她对母亲始终不能释怀,她是担心自己的孩子替母亲来寻仇吧。因此,她答应了赖雅的请求,理智却又残忍地拿掉了这个孩子。

婚姻,带来幸福,也带来责任。

1956年8月,36岁的张爱玲与65岁的赖雅在纽约登记结婚。她把这个消息写信告诉了在英国的母亲和在香港的邝文美夫妇。在写给邝文美夫妇的信中,张爱玲表达对这次婚姻的看法,她说自己很快乐和满意。想必,这个男人让她感受到了爱和幸福。母亲回信祝贺,并随信寄给他们二百八十美元作为贺礼。收到母亲的祝贺,赖雅高兴得像个孩子,岳母肯定了他们的婚姻,这比什么都重要。但是,结婚并没有改变他们两个贫穷的现实,两个人靠着母亲寄来的钱生存了一段时间,终究还是断了接续,他们重新申请了麦克道威尔文艺营的居住权。漂泊的日子虽然很苦,也有点煞风景,但是并没有影响这对新人享受新婚之喜。可是,突发的另一件事,却像晴天霹雳般影响了张爱玲的心情。

两个有着共同爱好的人走在一起,总是会有说不尽的话题。赖雅对编写剧本有着丰富的经验和技巧,在剧本写作方面,他给了张爱玲很多指导。他们在文艺营中都埋头写作,希望通过各自的努力可以让生活变得更好。可是,就在他们热切地为未来努力时,赖雅中风了,他倒在文艺营的大厅里。面对突如其来的变故,张爱玲慌了手脚。说到底,她还像个孩子一般需要人照顾,她把赖雅当作她在美国的向导和精神支柱。现在,他突然病倒了,而且比较严重,她不知道接下来的路要怎么走。赖雅感觉到张爱玲的恐惧,他一边承受着病痛的折磨,一边安慰着她,并向她保证,他一定会康复起来。看着赖雅半是安慰、半是抱歉的眼神,张爱玲忽然成熟了,她意识到自己应该承担起照顾赖雅的责任,毕竟,他是她的丈夫。

三十多年的生活,让她饱尝了离别之苦,小时候是母亲,上学时是炎樱,离港时是邝文美夫妇,上海时是胡兰成。这些人,说走就走了,可是,眼前的赖雅却与他们不同,他是唯一一个愿意守在她身边的人,只是现在他做不了自己的主,他被病魔攻击了。就在那一刹那,张爱玲突然不害怕了,她默默发誓要同赖雅一起与病魔做斗争,她要让赖雅活下来,留在她身边,哪怕只是陪她说说话也好。张爱玲放下手中的一切,承担起照顾赖雅的重任,她守在赖雅身边,寸步不离。在张爱玲无微不至地照料下,虽然不可避免地留下了后遗症,但赖雅总算挺过难关,慢慢康复起来。赖雅对张爱玲满怀感激,他为自己能娶到这样的妻子而感到荣幸,他对妻子的依赖与日俱增。

漂泊,会让人产生不安全的感觉。这里或那里,都不属于自己。每天早上睁开眼都会看到不同的风景,因为,明天不知道又会去哪里入睡。张爱玲和赖雅在麦克道威尔文艺营期限已满,申请的延期没有被批准,写给别的文艺营的申请也被拒绝。赖雅的身体状况已不允许他继续写作,他现在靠着每个月几十美元的福利金生活,这点钱连一个月的房租都不够,又怎么能承担两个人的生活费用?就在他们愁眉不展时,张爱玲收到了一笔稿费,他们在彼得堡租用了一间比较廉价的公寓，解了他们的燃眉之急。想当年在上海，张爱玲是轰动上海滩的大才女，被一群人前呼后拥的景象还历历在目，可是现在，却沦落在美国的街头，连住所都成了问题。想来在午夜梦回之时，张爱玲的内心也会有酸楚的感觉吧。

不过，生活虽然贫苦，惊喜和欢乐却一样都没缺席。

康复中的赖雅虽然暂时不能再写作，可是他给张爱玲创造了一个舒适的写作环境。张爱玲写作，他便静静地在一旁看书；张爱玲饿了，他便做出美味可口的饭菜；张爱玲累了，他便陪她一起散步；张爱玲闷了，他便请她看喜欢的电影。他把张爱玲捧在手心里，极尽所能地帮助她、呵护她、温暖她。1957年，黄逸梵去世，把一大箱古董寄给了张爱玲。张爱玲于是有了到纽约或者华盛顿这些大城市生活的想法。赖雅内心清楚，以他和张爱玲的收入要实现这个愿望非常困难，但他还是答应了张爱玲的要求，于是又开始辗转各个文艺营，只为实现张爱玲到大城市生活的愿望，赖雅对张爱玲的宠溺可见一斑，但他们的生活也跟着波澜起伏。

赖雅给张爱玲的另一个惊喜，是按照中国的农历，用心推算了张爱玲的阴历生日。那日一早，赖雅早早起来准备，不料却被不速之客打扰了——联邦调查局的人过来询问他欠款的案子。问什么并不重要，但赖雅害怕这件事影响了生日的气氛，所以他想尽办法请走了这些人。一关上门，赖雅就迫不及待地向张爱玲献上一束花，嘴里说着生日快乐！张爱玲自然格外惊喜，她根本不知道今天是自己的阴历生日，赖雅却有心地查到了。张爱玲陪着赖雅一起做了饭，一起出门散步，一起看了电影。那一天，张爱玲被深深地感动，他虽然无法给她提供稳定的住所，充裕的物质，可是在精神方面，他尽力地顺着她，宠着她，让她感觉到被爱的温暖。这次生日令张爱玲终生难忘。

生活稳定了，昔日的理想又开始蠢蠢欲动。张爱玲来美国，原本是为了让写作事业再创辉煌，未曾想，事业没什么进展，却收获了一场婚姻。与赖雅相处的时间里，她为生活所迫，不停地写着剧本，做着翻译，这些都不是她喜欢的事情，只是迫于生计，她没有选择。当她与赖雅的婚姻走过第五个年头，他们的感情已经趋于稳定，但他们的生活依然没什么改善，这时候，张爱玲求发展的心便再次萌动。她的手中，刚好接了《红楼梦》的剧本。宋淇恰恰对《红楼梦》深有研究，张爱玲便想与他见面探讨，以便能更深入地了解《红楼梦》，写出不同凡响的剧本。与此同时，她还在筹划一部关于张学良的小说，题目暂定为《少帅》。为此，她想亲去台湾搜集资料，以丰满她的小说。她想拿出巅峰时候的状态，再次写出巅峰的作品，她不甘沉沦。

如果一放手就是永恒，那我情愿不放。当张爱玲与赖雅协商此事时，赖雅很激动，他害怕张爱玲一去不返，他紧紧地抓着她的手，恳求她留下来。张爱玲并没有让步，只是耐心地给赖雅解释，她只去很短的时间，完成写作就会回来。何况，她已经正式成为美国公民。赖雅如果懂得，张爱玲在他身上付出的真心和精力，他就不会这么紧张。他到底还是对自己缺少信心，对张爱玲不够了解。面对张爱玲的坚定，赖雅最终做了让步，1961年秋，张爱玲带着给赖雅的承诺——完成著作就回家——从美国飞往台湾。她讨厌说话不算数的人，既然给出了承诺，必会掷地有声。

俗世，最是难料，理想的热情还未化作苍劲的种子，却又被生生地拽回了现实。在台湾，张爱玲受到昔日好友的款待，一场欢迎会让张爱玲依稀感觉回到40年代的上海，此时的台湾，正在掀起"爱玲热"。张爱玲似乎又有了冲锋的动力，为了这些忠实的读者。然而，就在此时，赖雅却再度中风。张爱玲得到消息时，心急如焚，可是她既掏不出购买回美国的机票钱，又没有完成写作的计划。没有钱，拿什么去给赖雅看病？没有钱，如何维持他们今后的生活？难道要一直飘零到老吗？何况，赖雅的女儿菲丝已经在照顾他，即使她回去也改变不了任何事情。张爱玲以自己惯有的冷静和理智，迅速做了一个决定，先去香港完成《红楼梦》剧本，等赚到钱再回美国。

第五章 疾风劲草终归真

沉默,并不意味着软弱,有时候,它蕴藏了更蓬勃的力量。张爱玲怀着急切的心去往香港,邝文美夫妇照应她的一切。可是,焦急地写作和长时间熬夜,让她的身体也慢慢吃不消,眼睛疼到流血,肩膀痛到不能伏案,手脚肿到变形……张爱玲自己都觉得活得像条狗,无眠无休。她这样的努力,无非是想早点回到赖雅的身边。听闻此状,赖雅心疼不已,他无法飞到张爱玲身边,只好催她快点回家。至少,在她累了时,他能给出一个温暖的拥抱。可是,《红楼梦》的剧本交稿晚了,没有给张爱玲带来任何收入。她又咬牙坚持写了另外的剧本,直到半年后拿到稿费,才从香港回到美国,回到有人等候的家中。

守候,焦急而幸福。年迈的赖雅居然算错了张爱玲回家的日期,他提前一天等在了机场,却未能见到思念已久的妻子。好在第二天,他们终于相见了。走出机场的张爱玲,看到过来接机的赖雅时,感慨万千,于千万个人中,终于有一个人,肯为她时时牵挂,处处守候,事事操心。她的身体非常疲惫,她的心却无比喜悦。有一次,张爱玲有事外出,回家晚了。赖雅勉强等到黄昏,还不见张爱玲的影子,他便到处寻找。先是给张爱玲的牙医打电话,得知她没有去看牙医后,又紧张地拨打了警察局的电话,让他们帮忙搜寻。赖雅对她的在乎和关心,张爱玲能体会到,所以她没有嫌弃这个又老又病的丈夫，而是细致入微地照料着他，帮他捏捏腿，捶捶背，揉揉胳膊，每一个动作都那么轻柔，仿佛他们已在一起度过了煌煌岁月，彼此享受着人生的盛宴。张爱玲一边照顾着病中的赖雅，一边承接着各种剧本。生活，还是要继续下去，金钱，一分都不能少。

衰老，谁都无法阻挡它的脚步。尽管张爱玲格外尽心地照顾着赖雅，衰老还是一步步逼近了他。1964年的一天，赖雅去华盛顿国会图书馆看书，回家的途中摔断了股骨，接着又中了几次风，从此，他只能瘫痪在床，完全丧失了自理能力。张爱玲只好支个行军床，守在他床前，不离不弃。赖雅每时每刻都在花钱，张爱玲断断续续的稿费无法维持这些医疗费用。她开始申请当驻校作家，先是去了迈阿密大学，因没有到达如期的效果，又托人转到哈佛大学的雷德克里夫学院。这一路奔波中，张爱玲都把赖雅带在身边，用心照顾，没有一丝一毫埋怨。

离别，终究还是来了，这一次却是永别。瘫痪后的赖雅，完全依靠张爱玲的照顾，骨瘦如柴，大小便失禁，早已没有了初遇张爱玲时的风采。每当有亲人和朋友来看他，他都会把头转向墙，不与别人交谈。也许在赖雅的心里，此生他只信任张爱玲，所以愿意把自己最不堪的一面展示给她看。1967年10月，赖雅躺在张爱玲的怀中，溘然长逝。回首

第五章 疾风劲草终归真

张爱玲与赖雅相遇相伴的11年，尴尬多于从容，颠簸多于稳定，贫穷多于富足，苦涩多于甜蜜；但，守候多于别离，幸福多于遗憾，在乎多于淡漠，信任多于猜疑。张爱玲始终如赖雅的心头之宝，被他宠爱，被他珍惜，被他依赖。获此真爱，此生足矣！因为懂得，所以慈悲！

赖雅走了，带走了张爱玲的爱情，从此之后，她冠以爱玲赖雅的名字，离群索居，将近28年。直至1995年9月8日，人们在公寓中发现了她的尸体，临终，她还为世人留了一个谜：没有人知道她死于何时。她的神态从容而安详，宛若勘破了世间的一切名与利，一切爱与怨，一切情与伤。

张爱玲此生，曾如牡丹般富贵，如玫瑰般娇艳，如雏菊般羞涩，如幽兰般桀骜，最终却选择如野草般俯首，深深植根于大地。让曾经绚烂的生命，一丝不取，归于尘，归于土！